Vegetarisch & Vegan ... 116

30 Tage Low-Carb-Ernährungsplan 174

Einleitung

Low-Carb-Ernährung wird meistens mit einer Diät in Verbindung gebracht, um schnell überschüssige Pfunde zu verlieren. Diäten – den meisten läuft es alleine bei dem Wort schon kalt den Rücken hinunter. Es wird direkt verbunden mit Verzicht, Hunger und allgemeiner schlechter Laune. Der Körper zieht seine Energie aus den Nahrungsmitteln und hier insbesondere aus Kohlenhydraten, Proteinen, Fette und Vitaminen.

Low Carb, also dass man wenige Kohlenhydrate zu sich nimmt, bedeutet einfach nur, dass man seine Energie bevorzugt aus Proteinen, Fett und Vitaminen bezieht. Low-Fat-Diäten hingegen verzichten (zum Großteil) auf Fette und beschaffen die Energie aus Kohlenhydraten, Proteinen und Vitaminen. Eine Mischung aus beiden, Low Fat & Low Carb, ist möglich, führt aber zu der angesprochenen schlechten Laune und zu Hunger.

Diäten sind meistens kurzfristige Phasen in der Ernährung und sollten nicht über einen langen Zeitraum angewandt werden. Eine bewusste & langfristige Ernährungsumstellung, auch im Sinne von Low Carb, bringt jedoch viele Vorteile mit sich.

Eine bewusste Ernährung, die sich im Rahmen der Diätvorgaben bewegt, ist durchaus möglich. Am weitesten verbreitet und bestens geeignet dafür ist es, Lebensmittel mit hohem Kohlenhydratwert durch andere auszutauschen. Anstatt von Weizenmehl für den Pizzaboden kann man Blumenkohl verwenden, für den Kuchen benutzt man Kokosmehl und auch Snacks finden ihren Platz in der Low-Carb-Ernährung.

Besonders wenn man in seinem Beruf stark eingespannt ist, kann es einem schwerfallen, auf seine Ernährung zu achten. Viele sind der Meinung, dass eine ausgewogene Ernährung immer mit stundenlangem Kochen in Verbindung steht und man dafür einfach keine Zeit findet.

Hierbei kann man allerdings ganz einfach auf Meal Prepping, also Essen vorkochen, zurückgreifen. Man kann an einem Tag, an dem man mehr Zeit hat, direkt mehrere Mahlzeiten vorbereiten und ist dann vorbereitet für die nächsten Tage, ohne täglich frisch kochen zu müssen.

Die Rezepte in diesem Buch sind sorgfältig ausgewählt, sodass man sie vorbereiten und die Gerichte lagern kann; die Zubereitung nimmt wenig Zeit in Anspruch.

Welche Low-Carb-Methoden gibt es?

Die ***ketogene Ernährung*** hat ihren Namen durch die Stoffwechselform der Ketose. Das ist eine natürliche Stoffwechselform im Körper und dabei werden in der Leber Fettsäuren zu Ketonkörpern umgewandelt, sobald der Körper keine Energie aus Kohlenhydraten & Glukose mehr gewinnen kann.

Dabei erzielt man einen hohen Energielevel bei einem niedrigen Blutzuckerspiegel, gepaart mit einer schnellen Gewichtsreduktion. Um die Ketose zu erreichen, sollte man allerdings in seiner Ernährung strikt Zucker und Kohlenhydrate vermeiden. Das Ziel ist, jeden Tag unter 20 Gramm Kohlenhydrate zu sich zu nehmen und mit gesunden Fetten und ausgewogen vielen Proteinen zu ersetzen.

Wer zum ersten Mal nach einer ausgewogenen Ernährung oder einer effizienten Diät sucht, dem ist dies nicht zu empfehlen, da die Umstellung sehr radikal ist.

Die ***Atkins-Diät*** wurde nach dem amerikanischen Kardiologen Dr. Robert Atkins benannt. Dabei werden die Kohlenhydrate auf 15 bis 20% gesenkt, während Fette und Proteine jeweils 40% des Ernährungshaushaltes darstellen.

Die Atkins-Diät zielt darauf ab, die Glykogenspeicher in Muskeln und Leber abzubauen, die Wasser binden, um anschließend eingelagerte Fette und Proteine zu verbrauchen. Da diese Ernährungsform sehr einseitig ist, sollte man zusätzliche Vitamin- & Nährstoffpräparate zu sich nehmen, um langfristigen Mangelerscheinungen vorzubeugen.

Hierbei werden strikte Grenzen eingeführt in verbotene und erlaubte Lebensmittel. Dies kann zu einem unkontrollierbaren Heißhunger führen. Regelverstöße und Jojo-Effekte sind hier quasi vorprogrammiert. Eine Langzeiternährung nach Atkins ist auch nicht empfehlenswert, da durch den hohen Proteinwert die Nieren belastet werden, die Blutfettwerte stark ansteigen und Herz-Kreislauf-Beschwerden folgen können.

Die ***Paleo-Diät*** ist eigentlich eine Langzeit-Ernährungsform und kommt von dem Wort Paläolithikum, also Altsteinzeit. Man ernährt sich möglichst naturbelassen, ohne Getreide, Hülsenfrüchte oder Milchprodukte.

Diese Ernährungsform braucht einen stufenweisen Einstieg, damit sich der Körper daran gewöhnen kann. Wer nicht zu viel Fleisch isst, hat bei dieser Ernährung nicht viel zu befürchten, allerdings kann der hohe Proteinhaushalt hier auch zur Belastung der Nieren führen.

Es kann durchaus zu Unverträglichkeiten und Allergien führen, die man vorher nicht bemerkt hat, und ist nicht für jeden zu empfehlen.

Eine langfristige kohlenhydratarme Ernährung beinhaltet 50 bis 100 Gramm Kohlenhydrate pro Tag. Auch zum Abnehmen ist dieser Wert sehr gut geeignet, jedoch sollte man hier mit ausreichend Bewegung ein Kaloriendefizit aufbauen, also dass man mehr Kalorien verbraucht, als man zu sich nimmt. Der allgemeine Kalorienbedarf liegt bei Männern zwischen 2.000 und 2.500 kcal und bei Frauen zwischen 1.600 und 1.900 kcal. Eine genaue Berechnung des Energiehaushalts kann ein Ernährungsberater gezielt vornehmen.

Was sind Kohlenhydrate und was bewirken sie im Körper?

Kohlenhydrate sind der Treibstoff für unseren Körper. Jeder Mensch verbraucht Energie, die meiste davon ist der Grundumsatz, also generelle Funktionen wie der Herzschlag, Stoffwechsel, die Körpertemperatur halten oder auch atmen.

Kohlenhydrate und Fette sind für den Körper die wichtigsten Energieträger. Kohlenhydrate kann man dabei grundsätzlich in Einfach-, Zweifach- und Mehrfachzucker unterscheiden. Kohlenhydrate müssen generell im Verdauungstrakt erst zu Einfachzucker zerlegt werden, bevor sie in die Blutbahn gelangen. Das führt dazu, dass man beim Verzehr von Einfach- oder Zweifachzucker, wie bei Süßigkeiten, eine eher unbedeutende Sättigung erfährt, aber bei komplexem Mehrfachzucker, wie zum Beispiel in Vollkornprodukten, eine lange Sättigung eintritt.

Der menschliche Körper braucht Kohlenhydrate, denn diese unterstützen Proteine und Fette beim Aufbau der Körpermasse. Daher sollte man in der Wachstumsphase nicht auf Kohlenhydrate verzichten. Generell sollte man sich ausgewogen ernähren und entsprechend auch Kohlenhydrate in Maßen zu sich nehmen.

Was sollte ich bevorzugt essen?

Generell sollte man nicht komplett auf bestimmte Lebensmittel verzichten, sondern sich darüber informieren, in welchem Maße man die Lebensmittel essen sollte. Folgende Lebensmittel gehören aber auf jeden Fall zur Grundausstattung in einer Low-Carb-Diät:

- Fleisch
- Eier
- Fisch & Meeresfrüchte
- Gemüse
- Fruktosearme Obstsorten (Avocado, Beeren, Honigmelone, Grapefruit, Orangen, Pfirsich)
- Milch- & Milchprodukte

Worauf sollte ich eher verzichten?

Verzichten sollte man generell gar nicht, da dies zu Heißhunger führen kann. Man kann allerdings viele Lebensmittel sehr gut durch gesündere Alternativen austauschen. Folgende Lebensmittel sollte man eher meiden:

- Brot
- Reis
- Nudeln
- Kartoffeln
- Haferflocken
- Zucker (auch Honig)
- Alkohol

Wie gelingt eine Ernährungsumstellung? – Praktische Tipps und Tricks

Man darf keine Lebensmittel abwerten, denn es gibt kein natürliches Lebensmittel, das dick macht. Es kommt immer auf die Zubereitung und die Menge an. Kartoffeln zum Beispiel haben einen sehr geringen Wert an Kohlenhydraten (16 Gramm auf 100 Gramm) und werden aufgrund der Herstellung von Chips & Pommes regelrecht verteufelt. Kartoffeln sind vergleichsweise kalorienarm, machen lange satt und haben noch einen weiteren Vorteil: Wenn man die Kartoffel abkühlen lässt nach dem Kochen, entsteht resistente Stärke, die vom Körper wie ein Ballaststoff verwertet wird. Die Glucose-Moleküle gelangen damit langsamer ins Blut und es wird weniger Insulin vom Körper produziert. Dadurch bleibt ein anschließender Heißhunger aus.

Generell sollte man frische Lebensmittel zu sich nehmen und so weit wie möglich auf vorgefertigte Produkte zu verzichten. Unverarbeitete Lebensmittel enthalten Mikro- & Makronährstoffe, die dir langfristig Energie geben.

Man sollte sich allerdings nichts selber verbieten. Jeder hat seine Schwachstellen und kein Lebensmittel ist direkt ungesund, es kommt immer auf die Menge an. Man sollte versuchen, täglich viel frisches Obst und Gemüse in seinen Ernährungsplan einzubauen, dadurch wird auch der Heißhunger gestillt.

Darüber hinaus sollte man sich unbedingt bewusst sein, dass es Rückschläge geben wird. Dies heißt jedoch nicht, dass man versagt hat. Eine Diät oder Ernährungsumstellung braucht immer eine gewisse Zeit, bis sich Körper und Geist daran gewöhnt haben. Mit der Zeit wird man dabei feststellen, dass man bedeutend mehr Energie und Motivation bekommt, einfach indem man mehr frische Lebensmittel isst. Man muss sich Zeit lassen und Rückschläge akzeptieren.

Ein Essensplan ist eine gute Methode, um nicht den Anreiz zu verlieren. Diesen kann man im Vorfeld aufstellen und die Mahlzeiten sehr gut im Vorfeld vorbereiten. So bekommt man nicht die Versuchung, abends eine Pizza zu bestellen, denn das fertige Essen steht bereits vorbereitet im Kühlschrank.

Hinweis zur Diät & Ernährungsumstellung

Im Vorfeld sollte angemerkt werden, dass eine Diät oder Ernährungsumstellung immer mit einem Arzt oder Ernährungsberater abgesprochen werden sollte. Jeder Mensch hat einen unterschiedlichen Grundumsatz und Stoffwechsel. Auch wenn unsere DNA zu 99% gleich ist, unterscheidet sich unser Grundumsatz um bis zu 75%. Des einen Glück ist des anderen Gift, und daher sollte man sich ausführlich beraten lassen, welche Nährstoffe der eigene Körper braucht, und sich entsprechend der Fakten bewusst ernähren, ohne zu verzichten. Es gibt generell gesprochen kein Lebensmittel und keine Ernährungsform, die für alle ideal ist, da jeder Mensch einzigartig ist in seiner biochemischen & physiologischen Ebene.

Eine No-Carb-Ernährung oder Diät ist generell nicht zu empfehlen, da der Körper Kohlenhydrate für einen ausgewogenen Haushalt benötigt. Durch die erhöhte Fett- & Proteinaufnahme kann es zu Herz-Kreislauf-Erkrankungen, Nieren- & Leberproblemen, Kopfschmerzen, Muskelkrämpfen, Mundgeruch und Übelkeit kommen. Der Körper braucht in Diäten und der generellen langfristigen Ernährung immer einen ausgeglichenen Haushalt aus allen Nährstoffgruppen.

Hinweis zu den Rezepten

Sie werden sich sicherlich fragen, warum unser Rezeptbuch keine bunten und ansprechenden Fotos beinhaltet. Die Frage ist eigentlich leicht zu beantworten. Fotos im Hochglanzformat sind mit hohen Druckkosten und Kosten für die Erstellung der Bilder verbunden. Sicherlich sehen sie schön aus und unterstreichen das Rezept auf besondere Art und Weise, doch verursachen sie hohe Kosten, die am Ende der Käufer tragen muss.

In unserem Buch finden Sie eine Vielzahl an tollen Rezepten, die sich einfach und mit wenigen Handgriffen zubereiten lassen. Ein Bild ist dafür normalerweise nicht notwendig. Wenn wir uns die Kosten für ein Buch mit Fotos anschauen, liegen wir schnell bei mehr als 20-50€. Die meisten Kunden sind jedoch nicht bereit, für ein Buch so viel Geld zu bezahlen. Damit jeder trotzdem die tollen Rezepte für sich entdecken kann, haben wir daher auf teure Fotos verzichtet und können das Buch deutlich günstiger anbieten.

Viele Leser haben sicherlich auch schon festgestellt, dass die abgebildeten Fotos in den Büchern meist nur Beispielbilder sind. Sie stellen zwar ein ansprechendes Gericht dar, aber entsprechen meist nicht den angegebenen Rezepten. Wir möchten unsere Leser vor dieser Enttäuschung bewahren und haben zusätzlich aus dem Grund auf bunte Bilder verzichtet.

In unserem Buch finden Sie viele verschiedene Rezepte, ob ein leckeres Frühstück, ausgewogenes Mittagessen oder nahrhafte Snacks. Dank der vielen Rezepte, sind für jeden schmackhafte Gerichte dabei.

Lassen Sie sich inspirieren und probieren Sie es einfach mal aus! Gutes Gelingen und guten Appetit!

Frühstück & Smoothies

1. Spinat-Obst-Salat

Zutaten für 2 Portionen:

- 2 Birnen (ca. 200 g)
- 10 g Babyspinat
- 60 g Granatapfelkerne
- 40 g Walnüsse

Nährwertangaben pro Portion:

- Kalorien: 228 kcal
- Kohlenhydrate: 18 g
- Fett: 14 g
- Eiweiß: 4 g

Zubereitungszeit: 10 Minuten

Zubereitung:

1. Birnen waschen, halbieren und das Kerngehäuse entfernen
2. Birnen in dünne Scheiben schneiden
3. Spinat waschen und schleudern oder abtropfen lassen
4. Granatapfel halbieren und Kerne vorsichtig mit einem Teelöffel herauslösen
5. Walnüsse grob hacken
6. In einem Glas oder Tupperware abwechselnd Birnen, Spinat, Granatapfel und Walnüsse schichten
7. Verschlossen kühl lagern

2. Tropischer Avocado-Smoothie

Zutaten für 2 Portionen:

- 1 Avocado
- 100 g Honigmelone
- 2 EL Kokosöl
- 2 Stängel Minze
- 100 ml Leitungswasser

Nährwertangaben pro Portion:

- Kalorien: 189 kcal
- Kohlenhydrate: 4 g
- Fett: 18 g
- Eiweiß: 1 g

Zubereitungszeit: 10 Minuten

Zubereitung:

1. Avocado längs aufschneiden und den Kern entfernen
2. Fruchtfleisch mit einem Löffel von der Schale trennen
3. Melone schälen und in grobe Würfel schneiden
4. Minze waschen und abtropfen lassen
5. Melone, Avocado, Minze, Kokosöl & Wasser in den Mixer geben und pürieren

3. Heidelbeer-Bowl

Zutaten für 2 Portionen:

- 400 g Magerquark
- 40 g Blaubeeren
- 60 g Granatapfelkerne
- 1 Banane (ca. 60 g)
- 2 Feigen
- 10 g Chia-Samen
- 2 EL Wasser

Nährwertangaben pro Portion:

- Kalorien: 261 kcal
- Kohlenhydrate: 33 g
- Fett: 3 g
- Eiweiß: 26 g

Zubereitungszeit: 10 Minuten

Zubereitung:

1. Heidelbeeren mit Wasser fein pürieren
2. Quark & Heidelbeeren in einer Schüssel gut vermischen
3. Feigen waschen und in dünne Scheiben schneiden
4. Banane schälen und in dünne Scheiben schneiden
5. Granatapfel halbieren und Kerne vorsichtig mit einem Teelöffel herauslösen
6. Feigen, Bananen, Granatapfelkerne & Chia-Samen auf dem Heidelbeer-Quark verteilen

3. Bulletproof Coffee

Zutaten für 2 Portionen:

- 500 ml frischer Kaffee
- 2 EL Kokosöl
- 2 EL Butter

Nährwertangaben pro Portion:

- Kalorien: 200 kcal
- Kohlenhydrate: 1 g
- Fett: 23 g
- Eiweiß: 1 g

Zubereitungszeit: 2 Minuten

Zubereitung:

Kaffee, Kokosöl & Butter mit einem Milchaufschäumer oder Mixer so lange vermischen, bis sich alles miteinander vermischt hat und keine Fettschicht mehr zu sehen ist.

4. Himbeer-Chia-Pudding

Zutaten für 2 Portionen:

- 200 g Magerquark
- 200 ml Milch
- 2 TL Erdnussbutter
- 2 EL Chia-Samen
- 1 TL Honig
- 160 g Himbeeren
- 20 g Cashews

Nährwertangaben pro Portion:

- Kalorien: 430 kcal
- Kohlenhydrate: 22 g
- Fett: 24 g
- Eiweiß: 29 g

Zubereitungszeit: 10 Minuten (+ 2 Stunden Ziehzeit)

Zubereitung:

1. Quark und Milch verrühren
2. Chia, Erdnussbutter und Honig unter die Quarkmasse heben und in einer abgedeckten Schüssel ca. 2 Stunden (oder über Nacht) ziehen lassen
3. Himbeeren und Cashews unter den Quark heben

5. Passionsfrucht-Kiwi-Quark

Zutaten für 2 Portionen:

- 400 g Magerquark
- 1 TL Honig
- 2 Kiwis
- 2 Passionsfrüchte
- 20 g Cashews
- 1 TL Kokosflocken

Nährwertangaben pro Portion:

- Kalorien: 297 kcal
- Kohlenhydrate: 22 g
- Fett: 9 g
- Eiweiß: 32 g

Zubereitungszeit: 10 Minuten

Zubereitung:

1. Quark und Honig verrühren
2. Kiwis schälen, in kleine Würfel schneiden und zum Quark geben
3. Passionsfrucht halbieren und die Kerne direkt in den Quark löffeln
4. Quark und Früchte gut vermischen
5. Nüsse und Kokosflocken auf den Quark geben

6. Erdbeer-Bananen-Bowl

Zutaten für 2 Portionen:

- 400 g Hüttenkäse
- 60 g Erdbeeren
- 60 g Banane
- 1 Stängel Minze
- 5 ml Zitronensaft

Nährwertangaben pro Portion:

- Kalorien: 283 kcal
- Kohlenhydrate: 24 g
- Fett: 9 g
- Eiweiß: 26 g

Zubereitungszeit: 10 Minuten

Zubereitung:

1. Erdbeeren waschen, halbieren und die Stängel entfernen
2. Banane schälen und in Scheiben schneiden
3. Minze grob hacken
4. Hüttenkäse mit Zitronensaft & Minze vermischen
5. Erdbeeren und Banane auf dem Hüttenkäse anrichten

7. Gefüllte Frühstücks-Paprika

Zutaten für 2 Portionen:

- 1 rote Paprika
- 200 g Hüttenkäse
- 100 g Radieschen
- Salz
- Pfeffer
- Schnittlauch (optional zur Dekoration)

Nährwertangaben pro Portion:

- Kalorien: 134 kcal
- Kohlenhydrate: 8 g
- Fett: 5 g
- Eiweiß: 14 g

Zubereitungszeit: 10 Minuten

Zubereitung:

1. Paprika waschen, halbieren und entkernen
2. Radieschen waschen und in Scheiben schneiden
3. Hüttenkäse in einer Schüssel mit Radieschen vermischen und mit Salz & Pfeffer abschmecken
4. Hüttenkäse in die Paprikahälfte füllen
5. Schnittlauch waschen, in kleine Röllchen schneiden und auf die gefüllte Paprika geben

8. Himbeer-Minze-Smoothie

Zutaten für 2 Portionen:

- 125 g Himbeeren
- 50 g Naturjoghurt
- 25 g Mandeln
- 25 g Haferflocken
- 1 Stängel Minze
- 100 ml Milch
- 100 ml Wasser

Nährwertangaben pro Portion:

- Kalorien: 183 kcal
- Kohlenhydrate: 12 g
- Fett: 9 g
- Eiweiß: 8 g

Zubereitungszeit: 5 Minuten

Zubereitung:

1. Himbeeren & Minze waschen
2. Alle Zutaten in einen Mixer geben und fein pürieren

9. Pancakes

Zutaten für 2 Portionen:

- 2 Eier
- 150 ml Milch
- 50 g Sojamehl
- 50 g Mandelmehl
- 1/2 TL Backpulver
- 1 TL Kokosöl
- 1 Prise Salz

Nährwertangaben pro Portion:

- Kalorien: 266 kcal
- Kohlenhydrate: 6 g
- Fett: 13 g
- Eiweiß: 28 g

Zubereitungszeit: 20 Minuten

Zubereitung:

1. Eier trennen
2. Eigelb mit Sojamehl, Mandelmehl, Backpulver & Milch vermischen mit einem Handrührgerät, bis ein glatter Teig entsteht
3. Eiweiß mit einer Prise Salz steif schlagen und vorsichtig unter den Teig heben
4. Eine Pfanne mit Kokosöl auspinseln und auf mittlerer Stufe erhitzen
5. Mit einer Kelle den Teig gleichmäßig in die Pfanne geben, bis ein handgroßer Pancake in der Mitte der Pfanne liegt
6. Sobald sich kleine Bläschen auf der Oberfläche bilden, den Pancake wenden

10. Beeren-Porridge

Zutaten für 2 Portionen:

- 100 g Himbeeren
- 100 g Blaubeeren
- 60 g Kokosmehl
- 2 EL gemahlene Mandeln
- 2 EL Dinkelkleie
- 2 EL geschrotete Leinsamen
- 1 EL Flohsamenschalen
- 1 EL Honig
- 300 ml ungesüßter Kokosdrink
- 200 ml Wasser
- 2 EL Kokoschips
- 20 g Haselnüsse

Nährwertangaben pro Portion:

- Kalorien: 430 kcal
- Kohlenhydrate: 19 g
- Fett: 26 g
- Eiweiß: 17 g

Zubereitungszeit: 15 Minuten

Zubereitung:

1. Himbeeren & Blaubeeren waschen und abtropfen lassen
2. Kokosdrink und Wasser bei mittlerer Hitze in einem Topf erhitzen
3. Mandeln, Kokosmehl, Leinsamen, Flohsamenschalen, Dinkelkleie & Zucker in den Topf geben und gut einrühren
4. Porridge durchrühren und köcheln lassen, bis es eine cremige Konsistenz erreicht hat
5. Porridge vom Herd nehmen und Beeren, Kokoschips & Haselnüsse unterrühren

11. Mandel-Power-Riegel

Zutaten für 9 Portionen:

- 40 g Mandelblätter
- 30 g Mandeln
- 15 g gemahlene Mandeln
- 1 EL Honig
- 1 EL Agavendicksaft
- 30 g Butter
- 15 g Haferflocken
- 10 g Chia-Samen
- 10 g Kokosraspeln
- 1/2 TL Zimt
- 1/2 TL Vanille
- 1 Prise Salz

Nährwertangaben pro Portion:

- Kalorien: 108 kcal
- Kohlenhydrate: 4 g
- Fett: 9 g
- Eiweiß: 3 g

Zubereitungszeit: 30 Minuten

Zubereitung:

1. Honig, Agavendicksaft & Butter in einem Topf bei niedriger Hitze schmelzen lassen, miteinander verrühren & anschließend Zimt und Vanille einrühren
2. Mandeln grob hacken
3. Mandelblätter leicht zerdrücken
4. Mandeln, Mandelblätter, Haferflocken, Chia-Samen, Kokosflocken und eine Prise Salz miteinander verrühren
5. Buttermischung zu der Mandelmischung geben und verrühren
6. Teigmischung auf ein Backblech mit Backpapier geben und ein Rechteck mit ca. 1 cm Höhe formen
7. Bei 175°C im Backofen 10 bis 15 Minuten backen, bis der Teig hellbraun ist
8. Teig abkühlen lassen, bis er lauwarm ist, und in 9 gleich große Riegel schneiden

12. Waffeln

Zutaten für 2 Portionen:

- 60 g Butter
- 100 g Magerquark
- 4 Eier
- 80 g Eiweiß Mehl Mix
- 2 EL Sonnenblumenöl
- 1 EL Xucker

Nährwertangaben pro Portion:

- Kalorien: 650 kcal
- Kohlenhydrate: 7 g
- Fett: 52 g
- Eiweiß: 37 g

Zubereitungszeit: 20 Minuten

Zubereitung:

1. Butter in einem Topf oder in der Mikrowelle schmelzen und anschließend abkühlen lassen
2. Butter, Quark & Öl verrühren und anschließend Eiweißmehl & Xucker dazugeben und verrühren
3. Portionsweise den Teig in einem Waffeleisen backen

13. Kaiserschmarrn

Zutaten für 2 Portionen:

- 4 Eier
- 60 g Mandelmehl
- 80 g Vanille-Proteinpulver
- 260 ml Milch
- 1 Prise Zimt
- 1 Prise Salz
- Kokosöl

Nährwertangaben pro Portion:

- Kalorien: 568 kcal
- Kohlenhydrate: 12 g
- Fett: 27 g
- Eiweiß: 64 g

Zubereitungszeit: 20 Minuten

Zubereitung:

1. Eier trennen und das Eiweiß mit einer Prise Salz steif schlagen
2. Eigelb, Mandelmehl, Proteinpulver, Milch & Zimt in einer Schale mit einem Handrührgerät miteinander vermischen
3. Eiweiß unter den Teig heben
4. Pfanne mit Kokosöl auspinseln und auf mittlerer Stufe erhitzen
5. Teig in die Pfanne geben und langsam mit einem Löffel verteilen
6. Die Pfanne regelmäßig bewegen, um den Teig zu verteilen
7. Wenn der Teig fest wird und sich der gesamte Pfannkuchen bewegt, kann man ihn vorsichtig wenden
8. Den Pfannkuchen ein paar Minuten von der anderen Seite bräunen
9. Anschließend den Pfannkuchen mit einem Pfannenwender in mundgerechte Stücke zerpflücken

14. Winterlicher Möhrensalat

Zutaten für 2 Portionen:

- 2 Möhren
- 1 großer Apfel (ca. 100 g)
- 20 g Rosinen
- 20 g Naturjoghurt
- 2 TL Zitronensaft

Nährwertangaben pro Portion:

- Kalorien: 91 kcal
- Kohlenhydrate: 20 g
- Fett: 0 g
- Eiweiß: 1 g

Zubereitungszeit: 5 Minuten

Zubereitung:

1. Möhren schälen und raspeln
2. Apfel waschen, vierteln, Kerne entfernen und in kleine Stücke schneiden
3. Möhren, Apfel, Rosinen & Zitronensaft miteinander vermischen
4. Joghurt auf den Salat geben

15. Melonensalat

Zutaten für 2 Portionen:

- 120 g Galiamelone
- 8 Aprikosen
- 60 g Erdbeeren
- 1 Apfel
- 40 ml Orangensaft

Nährwertangaben pro Portion:

- Kalorien: 177 kcal
- Kohlenhydrate: 38 g
- Fett: 0 g
- Eiweiß: 3 g

Zubereitungszeit: 15 Minuten

Zubereitung:

1. Obst waschen
2. Aprikosen halbieren, Kern entfernen und in kleine Würfel schneiden
3. Erdbeeren vierteln und Stängel herausschneiden
4. Apfel vierteln, Kerne herausschneiden, in kleine Würfel schneiden
5. Melone in Spalten schneiden, schälen, Kerne herausschneiden, in kleine Stücke schneiden
6. Obst mit Orangensaft vermischen

16. Lachsrolle

Zutaten für 2 Portionen:

- 45 g Mandelmehl
- 50 g Eiweißpulver
- 3 Eier
- 130 g Räucherlachs
- 30 g Frischkäse
- 30 g Meerrettich
- 70 g Gurke
- Dill
- Zitrone
- Salz
- Wasser

Nährwertangaben pro Portion:

- Kalorien: 418 kcal
- Kohlenhydrate: 9 g
- Fett: 17 g
- Eiweiß: 55 g

Zubereitungszeit: 20 Minuten

Zubereitung:

1. Eiweißpulver & Mandelmehl vermischen
2. Ein Ei trennen und das Eiweiß mit einer Prise Salz steif schlagen
3. 2 Eier zu der Mehlmischung geben und mit einem Handrührgerät mit etwas Wasser zu einem cremig-festen Teig mischen
4. Eiweiß vorsichtig unter den Teig heben
5. Eine Pfanne mit Kokosöl auspinseln und auf mittlerer Stufe erhitzen
6. Mit einer Kelle den Teig gleichmäßig dünn in die Pfanne geben und Pfannkuchen backen
7. Pfannkuchen abkühlen lassen
8. Frischkäse & Meerrettich mischen, auf die kalten Pfannkuchen streichen
9. Gurke waschen und längs in dünne Streifen schneiden
10. Lachsscheiben auf die Pfannkuchen verteilen und mit Zitrone beträufeln
11. Gurkenstreifen auf die Pfannkuchen verteilen und mit Dill garnieren
12. Pfannkuchen einrollen und in der Mitte durchschneiden

17. Garnelen-Rühreier

Zutaten für 2 Portionen:

- 6 Eier
- 2 EL Milch
- 200 g gegarte Eismeer-Garnelen
- 40 g Frühlingszwiebeln
- 2 EL Ziegenfrischkäse
- Salz
- Pfeffer
- Rapsöl

Nährwertangaben pro Portion:

- Kalorien: 394 kcal
- Kohlenhydrate: 6 g
- Fett: 25 g
- Eiweiß: 37 g

Zubereitungszeit: 10 Minuten

Zubereitung:

1. Frühlingszwiebeln waschen & hacken
2. Eier und Milch verrühren, mit Salz & Pfeffer würzen und die Frühlingszwiebeln unterrühren
3. Eine Pfanne mit etwas Rapsöl erhitzen und dann auf mittlere Hitze stellen
4. Ei-Mischung komplett in die Pfanne gießen und die Garnelen im Ei verteilen
5. Sobald das Ei anfängt zu stocken, das Rührei langsam mit einem Kochlöffel rühren, bis alles gestockt ist
6. Rühreier anrichten und mit dem Ziegenfrischkäse garnieren

18. Bananen-Schoko-Pudding

Zutaten für 2 Portionen:

- 120 g Banane (2 mittelgroße Bananen)
- 40 g Chia-Samen
- 2 TL Xucker
- 400 ml Kokosmilch
- 20 g Kakao
- 60 g Naturjoghurt

Nährwertangaben pro Portion:

- Kalorien: 590 kcal
- Kohlenhydrate: 19 g
- Fett: 49 g
- Eiweiß: 11 g

Zubereitungszeit: 5 Minuten (+ 1 Stunde Ziehzeit)

Zubereitung:

1. Die Hälfte der Bananen mit Xucker, Kakao und Kokosmilch pürieren
2. Chia-Samen zum Püree hinzufügen und vermischen, anschließend 1 Stunde im Kühlschrank ziehen lassen
3. Joghurt mit den restlichen Bananen pürieren & auf den Schokopudding geben

19. Apfel-Sellerie-Smoothie

Zutaten für 2 Portionen:

- 2 Stangen Sellerie
- 2 Äpfel
- 100 g Babyspinat
- 2 Datteln, entkernt
- 400 ml Wasser

Nährwertangaben pro Portion:

- Kalorien: 123 kcal
- Kohlenhydrate: 28 g
- Fett: 0 g
- Eiweiß: 2 g

Zubereitungszeit: 5 Minuten

Zubereitung:

1. Sellerie, Äpfel & Babyspinat waschen und in grobe Stücke schneiden, Kerngehäuse beim Apfel entfernen
2. Alles in einem Mixer pürieren

20. Smoothie Bowl

Zutaten für 2 Portionen:

- 300 g Naturjoghurt
- 60 g Himbeeren
- 20 g Heidelbeeren
- 1/4 Banane
- 1 Apfel
- 20 g Haferflocken
- 10 g Mohn
- 1 TL Kürbiskerne
- 5 Mandeln
- 2 Walnüsse
- Agavendicksaft

Nährwertangaben pro Portion:

- Kalorien: 284 kcal
- Kohlenhydrate: 24 g
- Fett: 14 g
- Eiweiß: 12 g

Zubereitungszeit: 5 Minuten

Zubereitung:

1. Apfel vierteln & entkernen
2. Himbeeren, Heidelbeeren, Banane & 3/4 des Apfels mit Joghurt in einem Mixer pürieren & nach Belieben mit Agavendicksaft abschmecken
3. Rest des Apfels in Scheiben schneiden
4. Fruchtpüree mit Apfelscheiben, Mohn, Haferflocken, Nüssen & Kürbiskernen garnieren

21. Spinat-Bananen-Smoothie

Zutaten für 2 Portionen:

- 50 g Spinat
- 50 g Banane
- 40 g Avocado
- 50 g Sojajoghurt
- 5 g geriebener Ingwer
- 2 TL Ahornsirup

Nährwertangaben pro Portion:

- Kalorien: 93 kcal
- Kohlenhydrate: 9 g
- Fett: 5 g
- Eiweiß: 2 g

Zubereitungszeit: 5 Minuten

Zubereitung:

1. Spinat waschen
2. Avocado halbieren und Fruchtfleisch mit einem Löffel aus der Schale entfernen
3. Ingwer reiben
4. Alle Zutaten in einem Mixer pürieren

22. Frühstücks-Muffins

Zutaten für 2 Portionen:

- 1 Banane
- 30 g Haferflocken
- 1 EL gemahlene Mandeln
- 1 TL Chia-Samen
- 1 Ei
- 1/2 TL Backpulver
- 1 TL Honig
- 1 TL Erdnussbutter
- 40 g Himbeeren

Nährwertangaben pro Portion:

- Kalorien: 237 kcal
- Kohlenhydrate: 30 g
- Fett: 12 g
- Eiweiß: 9 g

Zubereitungszeit: 5 Minuten

Zubereitung:

1. Banane mit der Gabel zerdrücken und anschließend mit den anderen Zutaten (außer den Himbeeren) vermengen
2. Himbeeren unterrühren
3. Teig in Muffinform geben und 5 Minuten bei 220°C und anschließend 12 Minuten bei 190°C backen

23. Frühstücks-Muffins

Zutaten für 6 Portionen:

- 6 Eier, Größe M
- 2 EL Schlagsahne 30%
- 1 Frühlingszwiebel
- 80 g Paprika frisch rot
- 70 g Parmaschinken
- 2 Stängel Petersilie
- 1 EL Olivenöl
- 70 g Parmesan
- 1 Prise Salz
- 1 Prise Pfeffer schwarz

Nährwertangaben pro Portion:

- Kalorien: 186 kcal
- Kohlenhydrate: 2 g
- Fett: 14 g
- Eiweiß: 14 g

Zubereitungszeit: 10 Minuten

Zubereitung:

1. Eier & Schlagsahne verrühren und mit Salz & Pfeffer würzen
2. Frühlingszwiebel waschen und in Ringe schneiden
3. Paprika waschen, halbieren, entkernen und in feine Würfel schneiden
4. Parmaschinken in feine Würfel schneiden
5. Petersilie waschen und hacken
6. Parmesan reiben
7. Muffinform mit Öl einpinseln und Ei-Sahne-Mischung gleichmäßig aufteilen
8. Frühlingszwiebel, Paprika & Parmaschinken gleichmäßig auf die einzelnen Muffins aufteilen und zum Schluss den Parmesan drüberstreuen
9. Im Backofen bei 175°C ca. 20 Minuten backen

24. Frischkäse-Pfannkuchen

Zutaten für 2 Portionen:

- 60 g Frischkäse
- 2 Eier
- 90 g Mandelmehl
- 2 TL Xucker
- 120 ml Mandelmilch

Nährwertangaben pro Portion:

- Kalorien: 295 kcal
- Kohlenhydrate: 7 g
- Fett: 14 g
- Eiweiß: 28 g

Zubereitungszeit: 10 Minuten

Zubereitung:

1. Frischkäse, Eier, Mandelmehl, Xucker & eine Prise Salz mischen
2. Nach und nach Mandelmilch unterrühren
3. Etwas Öl in einer Pfanne erhitzen, auf mittlerer Stufe den Teig dünn in der Pfanne verteilen und von beiden Seiten braten

25. Schinken-Käse-Waffeln

Zutaten für 2 Portionen:

- 2 Eier
- 50 g Gouda
- 40 g Schinkenwürfel
- 1 TL Johannisbrotkernmehl
- Salz
- Pfeffer

Nährwertangaben pro Portion:

- Kalorien: 201 kcal
- Kohlenhydrate: 2 g
- Fett: 13 g
- Eiweiß: 18 g

Zubereitungszeit: 10 Minuten

Zubereitung:

1. Eier mit Salz & Pfeffer würzen, Johannisbrotkernmehl dazugeben und alles gut verrühren
2. Schinkenwürfel & Käse dazugeben und gut mischen
3. Waffeleisen mit Butter einpinseln und den Teig goldgelb ausbacken

Fisch & Seafood

26. Garnelenpfanne

Zutaten für 2 Portionen:

- 250 g Garnelen, ohne Kopf/Darm
- 400 ml Gemüsebrühe
- 100 g Champignons
- 40 g Reisnudeln
- 2 Frühlingszwiebeln
- 1 Tomate
- 1 Limette
- 2 Knoblauchzehen
- 1/2 rote Chilischote
- 1/2 grüne Chilischote
- 1 EL Fischsauce
- 1 EL Sojasauce
- 1 EL Sesamöl
- 200 ml Wasser
- Salz
- Pfeffer

Nährwertangaben pro Portion:

- Kalorien: 216 kcal
- Kohlenhydrate: 20 g
- Fett: 6 g
- Eiweiß: 20 g

Zubereitungszeit: 45 Minuten

Zubereitung:

1. Garnelen & Gemüse waschen
2. Champignons in Scheiben schneiden, Frühlingszwiebeln in kleine Ringe schneiden, Tomate in kleine Würfel schneiden, Knoblauch schälen und in dünne Scheiben schneiden, Chilischoten in dünne Ringe schneiden
3. Brühe erhitzen, vom Herd nehmen und Reisnudeln darin gar ziehen lassen
4. Sesamöl in einer Pfanne erhitzen & Garnelen mit Knoblauch kurz anbraten
5. Champignons, Chilischoten & Tomaten in die Pfanne geben und anbraten
6. Limette auspressen und den Saft mit Wasser, Fischsauce & Sojasauce in die Pfanne geben
7. Frühlingszwiebeln & Reisnudeln in die Pfanne geben und alles durchmischen

27. Kabeljau-Eintopf

Zutaten für 2 Portionen:

- 400 g Fenchel
- 350 g Kabeljaufilet
- 2 Möhren
- 1 Stange Staudensellerie
- 1 Zwiebel
- 1 Knoblauchzehe
- 2 EL Olivenöl
- 1 EL Tomatenmark
- 200 ml Fischbrühe
- 300 ml Gemüsebrühe
- 1 Lorbeerblatt
- 3 Pimentkörner
- 1/2 Bund Petersilie
- Salz
- Pfeffer

Nährwertangaben pro Portion:

- Kalorien: 408 kcal
- Kohlenhydrate: 20 g
- Fett: 15 g
- Eiweiß: 47 g

Zubereitungszeit: 40 Minuten

Zubereitung:

1. Fenchel waschen, vierteln und die Wurzel herausschneiden, Staudensellerie waschen und beides grob würfeln
2. Möhren, Zwiebeln & Knoblauch schälen & alles fein würfeln
3. 1 EL Öl in einem Topf erhitzen und das Gemüse leicht anbraten
4. Tomatenmark in den Topf geben und unterrühren
5. Tomaten, Fisch- & Gemüsebrühe, Lorbeer & Piment in den Topf geben, gut umrühren und 15 Minuten auf kleiner Stufe köcheln lassen
6. Fischfilet in grobe Würfel schneiden und in der Suppe für 5 Minuten köcheln lassen
7. Petersilie hacken und zu der Suppe geben
8. Auf dem Teller mit etwas Olivenöl beträufeln

28. Seelachs mit Mandelkruste auf Spinat

Zutaten für 2 Portionen:

- 4 Seelachsfilets
- 250 g Blattspinat
- 4 TL Tafelmeerrettich
- 80 g gehackte Mandeln
- 3 EL Butter
- 1 Zwiebel
- 125 ml Gemüsebrühe
- 100 ml Sahne (30% Fett)
- 1 Zitrone

Nährwertangaben pro Portion:

- Kalorien: 703 kcal
- Kohlenhydrate: 8 g
- Fett: 51 g
- Eiweiß: 46 g

Zubereitungszeit: 30 Minuten

Zubereitung:

1. Fisch mit Salz & Pfeffer würzen & mit dem Meerrettich einstreichen, anschließend in die Mandeln drücken
2. Eine ofenfeste Form mit 2 EL Butter auspinseln und die Fischfilets hineinlegen
3. Den Fisch im vorgeheizten Ofen bei 200°C 15 bis 18 Minuten garen
4. Zwiebeln schälen, fein würfeln und in 1 EL Butter andünsten
5. Spinat zu den Zwiebeln geben und kurz andünsten
6. Brühe & Sahne hinzugeben und 5 Minuten bei niedriger Hitze köcheln lassen
7. Schale einer halben Zitrone abreiben und mit 1 EL Zitronensaft zum Spinat geben
8. Spinat mit Salz & Pfeffer abschmecken
9. Spinat auf einem Teller anrichten und den Fisch daraufsetzen

29. Fischbällchen in Kokoskruste

Zutaten für 2 Portionen:

- 400 g Kabeljaufilet
- 1 Chilischote
- 1 Knoblauchzehe
- Kokosmehl
- 150 g Kokosflocken
- 1 Ei
- 1 Bund Koriander
- 50 g Kokosöl
- 1 Stange Lauch
- 1 Schalotte
- 300 ml Fischbrühe
- 100 ml Weißwein
- 1 TL Xucker
- 1 EL Butter
- Salz, Pfeffer

Nährwertangaben pro Portion:

- Kalorien: 454 kcal
- Kohlenhydrate: 4 g
- Fett: 35 g
- Eiweiß: 23 g

Zubereitungszeit: 45 Minuten

Zubereitung:

1. Fisch abspülen, trocken tupfen und fein würfeln, Chilischote halbieren und fein hacken, Koriander waschen und fein hacken, alles zu einer Masse vermengen, mit Salz und Pfeffer abschmecken und kleine Kugeln formen
2. Ei mit Salz & Pfeffer würzen
3. Fischbällchen zuerst in Kokosmehl, anschließend in Ei und dann in Kokosflocken wenden
4. Kokosöl erhitzen und die Fischbällchen 4 bis 6 Minuten lang braten, bis sie goldbraun sind
5. Lauch längs und quer halbieren und die Blätter abspülen, den Lauch in dünne Scheiben schneiden, Schalotte schälen und fein würfeln, Butter in einer Pfanne erhitzen und die Schalotten & Lauch darin kurz anbraten
6. Mit Weißwein ablöschen, Gemüsefond dazugeben und 15 bis 20 Minuten lang einkochen lassen, mit Xucker, Salz & Pfeffer abschmecken

30. Lachsfrikadelle

Zutaten für 2 Portionen:

- 300 g Lachsfilet ohne Haut
- 1 Ei
- 1 Schalotte
- 3 Stängel Koriander
- 2 Stängel Dill
- 1 TL Zitronensaft
- 1/2 TL geriebener Ingwer
- 1 EL Butter
- 1 TL Olivenöl
- Salz
- Pfeffer

Nährwertangaben pro Portion:

- Kalorien: 238 kcal
- Kohlenhydrate: 1 g
- Fett: 13 g
- Eiweiß: 30 g

Zubereitungszeit: 30 Minuten

Zubereitung:

1. Fisch waschen, trocken tupfen und grob hacken
2. Schalotten schälen und fein würfeln
3. Knoblauch, Koriander & Dill hacken
4. Fisch, Schalotten, Knoblauch, Koriander, Dill, Ingwer & Ei zu einer Masse kneten
5. Mit etwas Zitronensaft, Salz & Pfeffer würzen
6. Frikadellen formen und in einer heißen Pfanne 2 bis 3 Minuten von jeder Seite braten

31. Überbackene Forelle

Zutaten für 2 Portionen:

- 2 küchenfertige Forellen, jeweils 300 – 400 g
- 10 Cherrytomaten
- 60 g Butter
- 1 Zitrone
- Basilikum
- Salz
- Pfeffer

Nährwertangaben pro Portion:

- Kalorien: 563 kcal
- Kohlenhydrate: 3 g
- Fett: 33 g
- Eiweiß: 61 g

Zubereitungszeit: 25 Minuten

Zubereitung:

1. Fisch waschen, trocken tupfen und Kopf abschneiden
2. 50 g Butter in einer Pfanne erhitzen und die Forelle beidseitig leicht goldbraun anbraten
3. Tomaten waschen und in Scheiben schneiden
4. Zitrone halbieren und den Saft auspressen
5. Forellen in eine ofenfeste Form geben und von unten aufklappen
6. Innenseite der Forelle mit dem Zitronensaft einpinseln und mit Salz & Pfeffer würzen
7. Tomatenscheiben auf die Forelle legen und im Ofen bei 180°C ca. 5 bis 7 Minuten backen
8. Aus dem Ofen nehmen & mit Basilikum garnieren

32. Zander auf Gemüsebett

Zutaten für 2 Portionen:

- 400 g Zanderfilet mit Haut
- 100 g Paprika rot
- 100 g Paprika gelb
- 100 g Broccoli
- 1 Schalotte
- 50 g Reis
- 1 Schalotte
- 1 Zitrone
- 2 Stängel Dill
- 2 EL Olivenöl
- 2 EL Butter
- Salz
- Pfeffer

Nährwertangaben pro Portion:

- Kalorien: 557 kcal
- Kohlenhydrate: 29 g
- Fett: 28 g
- Eiweiß: 44 g

Zubereitungszeit: 30 Minuten

Zubereitung:

1. Fisch waschen, trocken tupfen und die Filets auf der Hautseite einritzen (Abstand ca. 2 cm)
2. Reis nach Packungsanleitung kochen
3. Paprika waschen, halbieren, Kerne entfernen & in kleine Streifen schneiden
4. Broccoli in kleine Röschen schneiden
5. Zitrone in Scheiben schneiden
6. 1 EL Öl & 1 EL Butter in einer Pfanne erhitzen und den Zander auf der Haut 5 Minuten braten
7. Fischfilet aus der Pfanne in eine ofenfeste Form geben mit der Haut nach oben und im Backofen bei 160°C für 10 Minuten garen
8. Das restliche Öl & die Butter in die Pfanne geben und die Schalotten anschwitzen
9. Restliches Gemüse in die Pfanne geben, mit Salz & Pfeffer würzen & für ca. 5 bis 7 Minuten unter Rühren garen
10. Reis mit Dill mischen, auf einem Teller anrichten, Gemüse auf den Reis geben und das Zanderfilet dazu legen

33. Garnelen auf Zucchininudeln

Zutaten für 2 Portionen:

- 500 g Zucchini
- 200 g Garnelen, ohne Kopf/Darm
- 200 g Cherrytomaten
- 2 Schalotten
- 2 Knoblauchzehen
- 1 Zitrone
- 200 ml Gemüsebrühe
- 50 ml Sesamöl
- Salz
- Pfeffer

Nährwertangaben pro Portion:

- Kalorien: 390 kcal
- Kohlenhydrate: 10 g
- Fett: 27 g
- Eiweiß: 23 g

Zubereitungszeit: 20 Minuten

Zubereitung:

1. Zucchini waschen, trocken tupfen und mit einem Spiralschneider in dünne Nudeln schneiden
2. Tomaten waschen & vierteln
3. Schalotten & Knoblauch schälen & fein würfeln
4. Zitrone waschen, Schale abreiben & anschließend auspressen
5. Garnelen schälen
6. Sesamöl in einer Pfanne oder einem Wok erhitzen und die Garnelen mit Knoblauch, Schalotten und der Zitronenschale für ca. 5 Minuten anbraten
7. Tomaten in die Pfanne geben und durchrühren
8. Garnelen aus der Pfanne nehmen, die Zucchininudeln mit der Gemüsebrühe in den Tomatensud geben und für 4 Minuten bei kleiner Flamme köcheln lassen
9. Zitronensaft & Garnelen dazugeben und alles durchrühren

34. Japanischer Garnelensalat

Zutaten für 2 Portionen:

- 220 g Garnelen
- 100 g Chinakohl
- 50 g Rotkohl
- 10 Cherrytomaten
- 2 Frühlingszwiebeln
- 1 Möhre
- 1 Limette
- 1/2 Paprika rot
- 1/2 Paprika gelb
- 6 Stängel Koriander
- 2 Knoblauchzehen
- 200 ml Wasser
- 5 EL Sojasauce
- 4 EL Olivenöl
- 20 g Honig
- 2 TL Sesam
- Salz, Pfeffer

Nährwertangaben pro Portion:

- Kalorien: 443 kcal
- Kohlenhydrate: 24 g
- Fett: 24 g
- Eiweiß: 27 g

Zubereitungszeit: 30 Minuten

Zubereitung:

1. Garnelen waschen und schälen, Knoblauch schälen und pressen, beides mit Olivenöl in eine Schüssel geben und gut verrühren
2. Gemüse & Kräuter waschen, China- & Rotkohl in feine Streifen schneiden
3. Tomaten halbieren
4. Frühlingszwiebeln waschen und schräg in Ringe schneiden
5. Möhre schälen und in dünne Streifen schneiden
6. Paprika entkernen und in dünne Streifen schneiden, Koriander hacken
7. Kohl, Tomaten, Frühlingszwiebeln, Möhren, Paprika & Koriander in eine Schale geben und mit etwas Salz & Pfeffer würzen, Limette auspressen, mit Sojasauce, Honig & Wasser verrühren und mit dem Salat mischen
8. Garnelen & Knoblauch in eine heiße Pfanne geben und anbraten
9. Garnelen auf den Salat legen und Sesam drüberstreuen

35. Grüner Teriyaki-Salat mit Lachs

Zutaten für 2 Portionen:

- 2 Lachsfilet, je 150 g
- 1 Salatgurke
- 1 Avocado
- 1 EL Limettensaft
- 2 EL Sesam
- 3 EL Olivenöl
- 3 EL Sojasauce
- 1 EL Agavendicksaft

Nährwertangaben pro Portion:

- Kalorien: 640 kcal
- Kohlenhydrate: 12 g
- Fett: 54 g
- Eiweiß: 22 g

Zubereitungszeit: 20 Minuten

Zubereitung:

1. Gurke waschen, längs halbieren, die Kerne mit einem Löffel herauskratzen und in Scheiben schneiden
2. Avocado halbieren, Kern entfernen und Fruchtfleisch in der Schale in lange Streifen schneiden
3. Mit einem Löffel vorsichtig die Avocado-Streifen von der Schale lösen und mit Limettensaft einpinseln
4. Lachsfilet waschen, trocken tupfen, in einer beschichteten Pfanne ohne Fett goldbraun rösten und dann aus der Pfanne nehmen
5. 2 EL Olivenöl in die Pfanne geben und den Lachs auf niedrigster Stufe ca. 6 Minuten unter ständigem Wenden weiter garen
6. Sojasauce, Agavendicksaft, 1 EL Olivenöl und 1 EL Wasser mischen und anschließend mit Avocado und Gurke vermischen
7. Lachs auf den Salat geben und mit Sesam bestreuen

36. Lachs in Mandelkruste mit Honig-Senf-Dip

Zutaten für 2 Portionen:

- 2 Lachsfilet, je 125 g
- 30 g gemahlene Mandeln
- 1 EL Olivenöl
- 2 g Kurkuma
- 1 TL Zitronensaft
- 40 g Miracel Whip
- 1 TL Senf
- 1 TL Honig
- Salz
- Pfeffer

Nährwertangaben pro Portion:

- Kalorien: 456 kcal
- Kohlenhydrate: 11 g
- Fett: 29 g
- Eiweiß: 34 g

Zubereitungszeit: 30 Minuten

Zubereitung:

1. Lachsfilet in Streifen schneiden, mit Öl einreiben, salzen & pfeffern
2. Mandeln mit Kurkuma mischen und Lachsstreifen darin panieren
3. Lachsstreifen auf ein Backblech legen und im Backofen bei 200°C ca. 15 Minuten backen
4. Miracel Whip, Senf, Honig & Zitronensaft miteinander vermischen und mit Pfeffer abschmecken

37. Lachs auf Erbsen-Pastinaken-Püree

Zutaten für 2 Portionen:

- 2 Lachsfilet, je 200 g
- 50 g Mandelblättchen
- 2 Stängel Dill
- 1 Zitrone
- 1 EL Olivenöl
- 300 g Pastinaken
- 60 g Erbsen
- 50 g Kartoffeln
- 50 g Milch
- 50 g Schlagsahne
- Muskat
- Salz, Pfeffer

Nährwertangaben pro Portion:

- Kalorien: 849 kcal
- Kohlenhydrate: 28 g
- Fett: 58 g
- Eiweiß: 48 g

Zubereitungszeit: 40 Minuten

Zubereitung:

1. Lachsfilet waschen und trocken tupfen
2. Olivenöl in der Pfanne erhitzen und Lachs von beiden Seiten kurz anbraten
3. Lachs aus der Pfanne nehmen und in eine ofenfeste Form geben
4. Mandelblättchen & Dill in die Pfanne geben und mit dem Öl vermischen, anschließend auf die Lachsfilets geben
5. Lachsfilet bei 160°C für 20 Minuten backen
6. Pastinaken & Kartoffeln schälen und in kleine Würfel schneiden, anschließend in einem Topf mit Salzwasser ca. 10 bis 15 Minuten weich kochen
7. Kurz vor Ende der Garzeit der Pastinaken & Kartoffeln die Erbsen in den Topf geben
8. Gemüse abgießen und abdampfen lassen
9. Milch & Sahne in den Topf mit dem Gemüse geben und mit einem Kartoffelstampfer oder Pürierst zu Püree verarbeiten, mit Muskat & Salz abschmecken
10. Lachsfilet & Püree auf einem Teller anrichten und nach Belieben mit Zitrone garnieren

38. Mediterraner Salat mit Thunfisch

Zutaten für 2 Portionen:

- 1 Dose Thunfisch Filet Natur (200 g)
- 150 g Romana-Salat
- 4 Cherrytomaten
- 50 g schwarze Oliven
- 1/2 rote Zwiebel
- 4 EL Olivenöl
- Salz
- Pfeffer

Nährwertangaben pro Portion:

- Kalorien: 296 kcal
- Kohlenhydrate: 4 g
- Fett: 22 g
- Eiweiß: 17 g

Zubereitungszeit: 10 Minuten

Zubereitung:

1. Salat waschen, trocknen und in mundgerechte Stücke zupfen
2. Tomaten waschen und vierteln
3. Zwiebel schälen und in Ringe schneiden
4. Thunfischdose öffnen und den Saft abgießen
5. Salat, Tomaten, Oliven, Zwiebeln mit dem Olivenöl vermengen und mit etwas Salz & Pfeffer würzen
6. Thunfisch mit einer Gabel auf dem Salat anrichten

39. Oopsie mit Forelle & Avocado

Zutaten für 2 Portionen:

- 2 Eier
- 70 g Frischkäse
- 80 g geräucherte Forelle
- 20 g Erdbeergelee
- 1 TL Zitronensaft
- 1 rote Chilischote
- 1 Avocado

Nährwertangaben pro Portion:

- Kalorien: 464 kcal
- Kohlenhydrate: 19 g
- Fett: 30 g
- Eiweiß: 34 g

Zubereitungszeit: 5 Minuten (+ 25 Minuten Backzeit)

Zubereitung:

1. Eier trennen, Eigelb mit dem Frischkäse mischen, Eiweiß mit einer Prise Salz steif schlagen und anschließend unter die Masse heben
2. Die Frischkäsemasse auf ein Backblech mit Backpapier in 4 gleich große Haufen platzieren
3. Bei 150°C ca. 25 Minuten backen
4. Avocado halbieren, Kern entfernen und Fruchtfleisch mit einem Löffel von der Schale lösen
5. Avocado mit einer Gabel zerdrücken und auf die Oopsies streichen
6. Forelle mit einer Gabel in Stücke zupfen und auf die Avocadocreme legen
7. Chilischote halbieren, entkernen und in kleine Stücke hacken
8. Erdbeergelee mit Zitronensaft und Chili vermischen
9. Erdbeergelee auf die Forelle streichen

40. Brasilianische Garnelensuppe

Zutaten für 2 Portionen:

- 250 g Garnelen, mit Haut, ohne Kopf
- 350 ml Kokosmilch
- 1/2 grüne Paprika
- 1 Tomaten
- 1 Schalotte
- 2 Knoblauchzehen
- 1/2 Bio-Zitrone
- 1 TL Annatto-Pulver
- 3 Stängel Koriander
- 2 EL Kokosöl
- Salz
- Pfeffer

Nährwertangaben pro Portion:

- Kalorien: 476 kcal
- Kohlenhydrate: 7 g
- Fett: 39 g
- Eiweiß: 24 g

Zubereitungszeit: 30 Minuten

Zubereitung:

1. Paprika waschen, entkernen und fein würfeln
2. Tomaten waschen, vierteln, entkernen und fein würfeln
3. Knoblauch schälen und zerdrücken
4. Schalotte schälen und fein würfeln
5. Koriander waschen & Blätter abzupfen
6. Öl in einem Topf erhitzen
7. Schalotten glasig andünsten
8. Paprika, Tomaten & Knoblauch in den Topf geben und 2 Minuten unter ständigem Rühren anbraten
9. Kokosmilch & Annatto-Pulver in den Topf geben und bei niedriger Hitze 15 Minuten köcheln lassen
10. Garnelen in den Topf geben und für 5 Minuten weiter auf niedriger Hitze köcheln lassen
11. Suppe mit Salz & Pfeffer abschmecken
12. Zitronenschale abreiben und mit dem Koriander in den Topf geben

41. Seelachs-Broccoli-Gratin

Zutaten für 2 Portionen:

- 350 g Broccoli
- 250 g Seelachsfilet
- 1 TL Öl
- 2 Eier
- 250 ml fettarme Milch
- 50 g Parmesan
- 1 EL gehackter Dill
- Salz
- Pfeffer
- Muskat

Nährwertangaben pro Portion:

- Kalorien: 480 kcal
- Kohlenhydrate: 6 g
- Fett: 26 g
- Eiweiß: 53 g

Zubereitungszeit: 10 Minuten (+ 25 Minuten Backzeit)

Zubereitung:

1. Broccoli putzen & in kleine Röschen schneiden
2. Lachsfilet waschen, trocken tupfen & in Streifen schneiden
3. Ofenfeste Auflaufform mit Öl ein pinseln & Lachs & Broccoli abwechselnd in der Form schichten
4. Eier, Milch, Parmesan, 1 Prise Salz, 1 Prise Pfeffer und Muskat vermischen und in die Auflaufform gießen
5. Im Backofen bei 200°C ca. 25 Minuten backen
6. Mit Dill garnieren

42. Avocado-Mango-Salat mit Thunfisch

Zutaten für 2 Portionen:

- 300 g roher Thunfisch
- 1 Avocado
- 100 g Mango
- 1 kleine Frühlingszwiebel
- 40 ml Sojasauce
- 1 Limette frisch gepresst
- 1 EL Sesam hell
- 1 EL Sesam schwarz

Nährwertangaben pro Portion:

- Kalorien: 671 kcal
- Kohlenhydrate: 10 g
- Fett: 53 g
- Eiweiß: 38 g

Zubereitungszeit: 15 Minuten

Zubereitung:

1. Thunfisch waschen, trocken tupfen und in kleine Würfel schneiden
2. Mango schälen & in Würfel schneiden
3. Frühlingszwiebel putzen und in feine Ringe schneiden
4. Avocado halbieren, Kern entfernen, Fruchtfleisch mit einem Löffel von der Schale lösen, in Würfel schneiden und mit Limettensaft marinieren
5. Thunfisch, Mango, Frühlingszwiebeln, Avocado & Sojasauce in einer Schüssel vermischen und mit Sesam, einer Prise Salz und etwas Pfeffer abschmecken

43. Thunfisch-Salat

Zutaten für 2 Portionen:

- 200 g Thunfisch
- 1⁄2 rote Zwiebel
- 4 – 5 Cherrytomaten
- 1⁄2 Avocado
- 1 Limette
- 2 EL Mayonnaise
- 1 TL Kapern
- Salz
- Pfeffer

Nährwertangaben pro Portion:

- Kalorien: 303 kcal
- Kohlenhydrate: 3 g
- Fett: 21 g
- Eiweiß: 25 g

Zubereitungszeit: 10 Minuten

Zubereitung:

1. Zwiebel schälen und fein würfeln
2. Thunfischdose öffnen, Saft abgießen und mit einer Gabel in kleine Stücke zupfen
3. Limette halbieren und pressen
4. Avocado halbieren, Kern entfernen, Fruchtfleisch mit einem Löffel von der Schale lösen, in Würfel schneiden und mit Limettensaft marinieren
5. Tomaten waschen und vierteln
6. Alle Zutaten in einer Schüssel mischen und mit Salz & Pfeffer würzen

44. Kichererbsensalat mit Thunfisch

Zutaten für 2 Portionen:

- 200 g Rucola
- 100 g Kichererbsen, Dose
- 100 g Thunfisch, Dose
- 100 g Kirschtomaten
- 150 g Salatgurke
- 2 TL Kapern
- Saft einer Limette
- 2 EL Olivenöl
- 1 TL Ingwer
- Muskat
- Salz
- Pfeffer

Nährwertangaben pro Portion:

- Kalorien: 224 kcal
- Kohlenhydrate: 10 g
- Fett: 11 g
- Eiweiß: 17 g

Zubereitungszeit: 10 Minuten

Zubereitung:

1. Rucola waschen und in mundgerechte Stücke schneiden
2. Kichererbsen in einem Sieb mit kaltem Wasser abspülen
3. Thunfischdose öffnen, Saft abgießen und mit einer Gabel in kleine Stücke zupfen
4. Tomate und Gurke waschen und in mundgerechte Stücke schneiden
5. Kapern, Ingwer, Olivenöl, Limettensaft mit einer Prise Muskat, einer Prise Salz und etwas Pfeffer mischen
6. Rucola, Thunfisch, Kichererbsen, Tomaten und Gurke in einer Schüssel mit dem Dressing mischen

45. Zucchininudeln mit Garnelen im Weißweinsud

Zutaten für 2 Portionen:

- 400 g Zucchini
- 240 g Garnelen
- 1 Zitrone
- 1 Schalotte
- 2 Knoblauchzehen
- 40 ml Weißwein
- 4 EL Olivenöl
- 1 EL Butter
- Salz
- Pfeffer

Nährwertangaben pro Portion:

- Kalorien: 390 kcal
- Kohlenhydrate: 6 g
- Fett: 28 g
- Eiweiß: 24 g

Zubereitungszeit: 25 Minuten

Zubereitung:

1. Zucchini waschen und mit einem Spiralschneider in dünne Nudeln schneiden
2. Schalotte und Knoblauch schälen und fein würfeln
3. Garnelen mit Öl, Knoblauch, etwas Salz und Pfeffer in einer Schüssel vermischen
4. Butter in einer Pfanne erhitzen und die Schalotte glasig andünsten
5. Garnelen mit der Marinade hinzufügen und ca. 2 Minuten braten
6. Garnelen mit Weißwein ablöschen und die Nudeln hinzugeben
7. Alles in der Pfanne für 4 bis 6 Minuten bei stetigem Schwenken garen
8. Zitrone pressen, in die Pfanne geben und mit Salz & Pfeffer abschmecken

46. Paella mit Blumenkohl-Reis

Zutaten für 2 Portionen:

- 350 g Blumenkohl
- 80 g Kirschtomaten
- 120 g Hähnchenfilet
- 80 g Mini-Pulpo
- 80 g Garnelen
- 4 EL Olivenöl
- 10 g Petersilie
- 50 ml Gemüsebrühe
- 2 Zwiebeln
- 2 Zitronen
- Salz
- Pfeffer
- Safran
- Chili
- Kurkumapulver

Nährwertangaben pro Portion:

- Kalorien: 312 kcal
- Kohlenhydrate: 8 g
- Fett: 15 g
- Eiweiß: 32 g

Zubereitungszeit: 40 Minuten

Zubereitung:

1. Blumenkohl von Stiel und Blättern entfernen, in Röschen teilen und gut waschen, abgetropften Blumenkohl in den Mixer geben und vorsichtig zerkleinern, bis die Teile die Größe eines Reiskorns haben
2. Zwiebeln schälen und fein würfeln, Tomaten waschen und vierteln
3. Hähnchen in kleine Würfel schneiden
4. In einer Pfanne Olivenöl erhitzen und die Zwiebeln andünsten, wenn die Zwiebeln leicht Farbe nehmen, die Tomaten hinzugeben und anbraten
5. Blumenkohl in die Pfanne geben, mit Salz, Pfeffer, Kurkuma & Safran würzen und mit der Gemüsebrühe unter Rühren ca. 10 Minuten köcheln, anschließend in eine Auflaufform geben
6. In der Pfanne Olivenöl erhitzen und die Garnelen, die Pulpos und das Hähnchen nacheinander braten
7. Garnelen, Pulpos & Hähnchen zum Gemüse geben, durchmischen und im Backofen bei 180°C für 20 Minuten garen

47. Schnelle Lachspfanne

Zutaten für 2 Portionen:

- 360 g Lachsfilet
- 1 Bund Kresse
- 1 Stange Frühlingszwiebeln
- 140 g Frischkäse
- 2 EL Zitronensaft
- 100 ml Gemüsebrühe
- 1 EL Rapsöl
- 1 TL Senf
- Salz
- Pfeffer

Nährwertangaben pro Portion:

- Kalorien: 592 kcal
- Kohlenhydrate: 6 g
- Fett: 65 g
- Eiweiß: 45 g

Zubereitungszeit: 15 Minuten

Zubereitung:

1. Lachs waschen, trocken tupfen, in Stücke schneiden, mit Zitronensaft beträufeln und salzen
2. Kresse & Frühlingszwiebel waschen und fein hacken
3. In einer Pfanne Öl erhitzen und den Lachs von allen Seiten anbraten
4. Lachs mit der Brühe ablöschen und den Frischkäse & Senf dazugeben
5. Kresse & Frühlingszwiebel dazugeben, mit Salz und Pfeffer würzen

48. Spanischer Garnelentopf

Zutaten für 2 Portionen:

- 100 g Garnelen
- 1/2 Zucchini
- 1/2 rote Paprika
- 1 Avocado
- 1/2 Zwiebel
- 1 Zitrone
- 1 EL Olivenöl
- Salz
- Pfeffer

Nährwertangaben pro Portion:

- Kalorien: 133 kcal
- Kohlenhydrate: 3 g
- Fett: 3 g
- Eiweiß: 13 g

Zubereitungszeit: 20 Minuten

Zubereitung:

1. Zucchini, Paprika & Zwiebel waschen und würfeln
2. Garnelen schälen und waschen
3. Olivenöl erhitzen und Zwiebeln golden anbraten
4. Zucchini und Paprika dazugeben und bei mittlerer Hitze 10 Minuten dünsten
5. Gemüse mit Salz & Pfeffer würzen und in einer Schale zur Seite stellen
6. Garnelen in der Pfanne scharf anbraten und das Gemüse wieder hinzugeben
7. Avocado vierteln, das Fruchtfleisch klein schneiden und in die Pfanne geben
8. Mit Zitronensaft, Salz und Pfeffer abschmecken

49. Ofen-Lachs mit Paprika

Zutaten für 2 Portionen:

- 2 Lachsfilet à 200 g
- 3 Paprika
- 1 Zwiebel
- 1 Knoblauchzehe
- 1/2 Bund Petersilie
- 3 Limetten
- 2 EL Öl
- 2 EL Wasser
- 1 EL Honig
- Chiliflocken
- Salz
- Pfeffer

Nährwertangaben pro Portion:

- Kalorien: 624 kcal
- Kohlenhydrate: 26 g
- Fett: 33 g
- Eiweiß: 44 g

Zubereitungszeit: 65 Minuten

Zubereitung:

1. Paprika waschen, vierteln, entkernen und in Stücke schneiden
2. Zwiebel schälen und in Ringe schneiden
3. Petersilie und Knoblauch hacken
4. 1 Limette auspressen, 1 Limette in Scheiben schneiden
5. Olivenöl, Wasser, Honig, Limettensaft, Knoblauch & Petersilie mischen und mit Salz, Pfeffer & Chili würzen
6. Lachs, Paprikastücke & Zwiebelringe auf einem Backblech verteilen und die Hälfte der Marinade drübergießen
7. Im Backofen bei 175°C für 10 Minuten backen
8. Die restliche Marinade über den Lachs geben und servieren

50. Spinat-Garnelen-Pfanne

Zutaten für 2 Portionen:

- 500 g Garnelen
- 1 Knoblauchzehe
- 125 g Spinat
- 1 EL Olivenöl
- 1 EL Kokosmehl
- 50 ml Sahne
- 2 EL Crème fraîche
- Chiliflocken
- Salz
- Pfeffer

Nährwertangaben pro Portion:

- Kalorien: 372 kcal
- Kohlenhydrate: 5 g
- Fett: 25 g
- Eiweiß: 32 g

Zubereitungszeit: 15 Minuten

Zubereitung:

1. Knoblauch schälen und in Scheiben schneiden
2. In einer Pfanne Olivenöl erhitzen und die Garnelen braten, Knoblauch und etwas Chili hinzugeben
3. Mit der Sahne ablöschen und aufkochen lassen
4. Crème fraîche einrühren, das Kokosmehl dazugeben und gut vermischen
5. Spinat dazugeben und bei niedriger Hitze köcheln lassen

51. Selleriesuppe mit Räucherlachs

Zutaten für 2 Portionen:

- 300 g Knollensellerie
- 40 g Zwiebel
- 500 ml Gemüsebrühe
- 100 ml Sahne
- 2 TL Zitronensaft
- 2 TL Butter
- 60 g Räucherlachs
- 1 Stängel Dill
- Salz
- Pfeffer

Nährwertangaben pro Portion:

- Kalorien: 300 kcal
- Kohlenhydrate: 8 g
- Fett: 24 g
- Eiweiß: 11 g

Zubereitungszeit: 20 Minuten

Zubereitung:

1. Sellerie schälen und in feine Würfel schneiden
2. Zwiebel schälen und in feine Würfel schneiden
3. Butter in einem Topf langsam erhitzen und Sellerie & Zwiebel anbraten
4. Gemüsebrühe hinzugeben und 15 Minuten kochen lassen
5. Suppe mit einem Stabmixer pürieren und Zitronensaft & Sahne hinzugeben
6. Mit Salz & Pfeffer abschmecken
7. Räucherlachs in Streifen schneiden
8. Dill hacken
9. Lachs und Dill auf die Suppe geben

52. Thunfisch-Avocado-Salat

Zutaten für 2 Portionen:

- 2 Dosen Thunfisch, je 150 g
- 2 Avocado
- 400 g Hüttenkäse
- 6 EL Olivenöl
- 8 Kirschtomaten
- Thymian
- Salz
- Pfeffer

Nährwertangaben pro Portion:

- Kalorien: 781 kcal
- Kohlenhydrate: 8 g
- Fett: 50 g
- Eiweiß: 64 g

Zubereitungszeit: 10 Minuten

Zubereitung:

1. Tomaten waschen und vierteln
2. Avocado halbieren, Kern entfernen und das Fruchtfleisch mit einem Löffel aus der Schale lösen
3. Das Fruchtfleisch in Würfel schneiden
4. Thunfisch abgießen
5. Tomaten, Avocado, Thunfisch und Hüttenkäse in einer Schale mit dem Öl vermischen und mit Salz & Pfeffer abschmecken

53. Thunfisch-Auflauf mit Spinat

Zutaten für 2 Portionen:

- 2 Dosen Thunfisch, je 150 g
- 400 g Blattspinat
- 50 g Zwiebel
- 2 Eier
- 160 g Magerquark
- 60 ml Sahne
- 60 g Parmesan
- 60 g Emmentaler
- Muskat
- Salz
- Pfeffer

Nährwertangaben pro Portion:

- Kalorien: 525 kcal
- Kohlenhydrate: 7 g
- Fett: 22 g
- Eiweiß: 69 g

Zubereitungszeit: 30 Minuten

Zubereitung:

1. Zwiebel schälen, fein würfeln und mit dem Spinat mischen, mit Salz & Pfeffer würzen
2. Spinat gleichmäßig in einer Auflaufform verteilen
3. Thunfisch abtropfen lassen und auf dem Spinat verteilen
4. Eier, Quark, Sahne & Parmesan verrühren, mit Muskat, Salz & Pfeffer würzen und über den Spinat geben
5. Im Backofen bei 180°C für 20 Minuten backen, anschließend den Emmentaler drüberstreuen und weitere 5 Minuten gratinieren

Fleisch, Geflügel & Wild

54. Cajun-Chicken-Salat

Zutaten für 2 Portionen:

- 400 g Hähnchenbrust
- 1 TL Kreuzkümmel
- 1 TL Paprikapulver
- 1 TL Koriander, getrocknet, gemahlen
- 1/2 TL Oregano, getrocknet
- 3 EL Olivenöl
- 1 Avocado
- 60 g Bohnen, weiß, dick, Konserve, abgetropft, gekocht
- 2 Frühlingszwiebeln
- 1 Paprika rot
- 8 Stängel Koriander, frisch
- 1 Limette
- Salz
- Pfeffer

Nährwertangaben pro Portion:

- Kalorien: 546 kcal
- Kohlenhydrate: 8 g
- Fett: 33 g
- Eiweiß: 50 g

Zubereitungszeit: 30 Minuten

Zubereitung:

1. Kreuzkümmel, Paprikapulver, getrockneten Koriander und Oregano mit 1 EL Olivenöl mischen
2. Hähnchen waschen, trocken tupfen und in der Marinade 10 Minuten ziehen lassen
3. 1 Limette halbieren und pressen
4. Avocado halbieren, Kern entfernen, Fruchtfleisch mit einem Löffel von der Schale lösen, in Würfel schneiden und mit Limettensaft marinieren
5. Bohnen abspülen
6. Paprika waschen, entkernen und in kleine Würfel schneiden
7. Frühlingszwiebel waschen und in dünne Ringe schneiden
8. Korianderblätter fein hacken und mit den restlichen Zutaten und dem Öl vermengen, mit Salz & Pfeffer abschmecken
9. Hähnchen von jeder Seite 3 bis 5 Minuten braten

55. Entenbrust auf Rotkohlsalat

Zutaten für 2 Portionen:

- 2 Entenbrüste à ca. 600 g
- 2 Schalotten
- 1 Möhre
- 150 ml Geflügelbrühe
- 1 EL Olivenöl
- 300 g Rotkohl
- 1 Prise Xucker
- 3 – 4 EL Orangensaft
- 2 EL Apfelessig
- Salz
- Pfeffer

Nährwertangaben pro Portion:

- Kalorien: 537 kcal
- Kohlenhydrate: 10 g
- Fett: 37 g
- Eiweiß: 41 g

Zubereitungszeit: 45 Minuten

Zubereitung:

1. Entenbrust waschen und trocken tupfen
2. Zwiebeln & Möhre schälen und in Scheiben schneiden
3. Wenig Öl in einer Pfanne erhitzen und Entenbrust auf der Hautseite scharf anbraten
4. Entenbrust salzen & pfeffern und Zwiebeln & Möhren in die Pfanne geben
5. Geflügelfond hinzugeben und kurz aufkochen lassen, anschließend in eine ofenfeste Form geben mit der Haut nach oben und im Backofen ca. 30 Minuten bei 180°C garen
6. Rotkohl in feine Streifen schneiden, mit Orangensaft, Essig, Xucker & Salz in einer Schüssel mischen und den Kohl mit der Marinade verkneten für ca. 2 Minuten, anschließend abgedeckt 30 Minuten ziehen lassen
7. Entenbrust in Streifen schneiden und auf dem Rotkohlsalat anrichten

56. Hühnerschenkel in Zitronen-Salbei-Butter gebacken

Zutaten für 2 Portionen:

- 2 Hähnchenschenkel, mit Haut & Knochen
- 2 Zitronen
- 10 Stängel Thymian frisch
- 2 Stängel Rosmarin frisch
- 2 Stängel Salbei frisch
- 70 g Butter
- 1 EL Olivenöl
- 5 Knoblauchzehen
- Salz
- Pfeffer

Nährwertangaben pro Portion:

- Kalorien: 793 kcal
- Kohlenhydrate: 5 g
- Fett: 63 g
- Eiweiß: 48 g

Zubereitungszeit: 45 Minuten

Zubereitung:

1. Hühnerschenkel waschen, trocken tupfen & mit Salz & Pfeffer würzen
2. Kräuter waschen
3. Knoblauch schälen und zerdrücken
4. Zitronen waschen und in Scheiben schneiden
5. Olivenöl in der Pfanne erhitzen, Fleisch mit Kräutern, Zitrone und Knoblauch hineinlegen und in der Pfanne kurz scharf anbraten
6. Fleisch, Zitrone & Kräuter in eine ofenfeste Form geben und bei 175°C für 30 Minuten garen
7. Butter in der Pfanne langsam erhitzen und über das Hähnchen geben

57. Gefüllte Tomate mit Parmaschinken und Feta

Zutaten für 2 Portionen:

- 4 große Tomaten
- 130 g Parmaschinken
- 130 g Feta
- 70 g Zucchini
- 70 g Champignons roh
- 1 Zwiebel
- 2 EL Olivenöl
- Salz
- Pfeffer

Nährwertangaben pro Portion:

- Kalorien: 541 kcal
- Kohlenhydrate: 14 g
- Fett: 38 g
- Eiweiß: 34 g

Zubereitungszeit: 40 Minuten

Zubereitung:

1. Tomaten waschen, Stiel herausschneiden, Deckel entfernen und die Tomatenkerne mit einem Teelöffel entfernen
2. Zucchini waschen & in kleine Würfel schneiden
3. Champignons putzen und in kleine Würfel schneiden
4. Zwiebel schälen und in kleine Würfel schneiden
5. Schinken und Feta in kleine Würfel schneiden
6. Zucchini, Champignons, Zwiebel, Schinken & Feta mit Salz & Pfeffer würzen und vermischen
7. Tomaten mit der Mischung füllen und in eine ofenfeste Form geben
8. 1 EL Olivenöl über die Tomaten träufeln und im Backofen bei 180°C für ca. 20 Minuten garen
9. Anschließend mit dem restlichen Olivenöl beträufeln

58. Gefüllte Ente mit Rosenkohlgemüse

Zutaten für 4 Portionen:

- 1 Freilandente, ca. 1,5 kg
- 2 Orangen
- 400 g Rosenkohl
- 150 g Knollensellerie
- 3 Schalotten
- 2 Möhren
- 6 Datteln, entsteint
- 1 Bund Thymian
- 4 – 5 Zweige Rosmarin
- 4 Zweige Oregano
- 200 ml Rotwein
- 50 g Butter
- 2 EL Olivenöl
- 2 Sternanis
- 2 Lorbeerblätter
- 1 TL Ras el-Hanout (Gewürzmischung)
- Paprika, Salz, Pfeffer

Nährwertangaben pro Portion:

- Kalorien: 776 kcal
- Kohlenhydrate: 21 g
- Fett: 52 g
- Eiweiß: 47 g

Zubereitungszeit: 150 Minuten

Zubereitung:

1. Ente waschen, Orangen heiß waschen und in kleine Stücke schneiden, Kräuter waschen, Datteln grob hacken, Gemüse schälen und fein würfeln
2. Die Ente mit Kräutern, Datteln und Stücken von einer Orange füllen und anschließend die Haut mit Salz und Pfeffer einreiben
3. Die Ente von jeder Seite scharf anbraten, Gemüse dazugeben und anbraten, mit Wein ablöschen und die Orangenstücke hinzugeben
4. Gewürze dazugeben & im Backofen bei 180°C für ca. 2 Stunden garen
5. Rosenkohl putzen, 5 Minuten lang bissfest dämpfen, anschließend in Butter von allen Seiten scharf anbraten, mit Salz und Pfeffer würzen
6. Gemüse im Bräter pürieren und die Sauce aufkochen lassen, mit Salz & Pfeffer abschmecken

59. Schweinesteak auf Gemüse

Zutaten für 2 Portionen:

- 500 g Schweinekotelett, ohne Knochen
- 200 g Zucchini, roh
- 80 g Paprika frisch rot
- 80 g Paprika frisch gelb
- 80 g Paprika frisch grün
- 100 g Champignons, braun
- 5 Stängel Thymian, frisch
- 4 EL Olivenöl
- 2 EL Butter
- Salz
- Pfeffer

Nährwertangaben pro Portion:

- Kalorien: 714 kcal
- Kohlenhydrate: 12 g
- Fett: 48 g
- Eiweiß: 58 g

Zubereitungszeit: 20 Minuten

Zubereitung:

1. Zucchini waschen und schräg in Scheiben schneiden
2. Paprika waschen, halbieren, entkernen und in Streifen schneiden
3. Champignons putzen und vierteln
4. Thymian waschen
5. Schweinekotelett in eine heiße Grillpfanne geben, Thymian dazugeben und die Koteletts von beiden Seiten grillen
6. In einer zweiten Pfanne Öl & Butter erhitzen und das Gemüse braten
7. Gemüse mit Salz und Pfeffer würzen

60. Gegrilltes Kräuterhühnchen

Zutaten für 2 Portionen:

- 2 Hähnchenbrustfilets à 200 g
- 1/2 Knoblauchknolle
- 1/2 Zitrone
- 2 Zweige Rosmarin
- 3 Dillblüten
- 5 Zweige Thymian
- 2 EL Olivenöl
- Salz
- Pfeffer

Nährwertangaben pro Portion:

- Kalorien: 283 kcal
- Kohlenhydrate: 0 g
- Fett: 11 g
- Eiweiß: 46 g

Zubereitungszeit: 30 Minuten

Zubereitung:

1. Hähnchen waschen und trocken tupfen
2. Zitrone halbieren und auspressen
3. Kräuterblätter vom Stiel entfernen
4. Kräuter, Öl und Zitronensaft mit etwas Salz & Pfeffer vermischen und das Fleisch marinieren
5. Knoblauch ungeschält quer durchschneiden
6. Grillpfanne erhitzen, Hähnchen und halbierte Knoblauchknolle braten
7. Die restliche Marinade über das Fleisch geben und mehrmals wenden

61. Gegrilltes Lammfilet

Zutaten für 2 Portionen:

- 400 g Lammfilet, küchenfertig
- 150 g Champignons
- 150 g Broccoli
- 70 g getrocknete Tomaten
- 1 Paprika
- 3 Knoblauchzehen
- 2 Zweige Rosmarin
- 2 – 4 Zweige Thymian
- 2 EL Olivenöl
- Salz
- Pfeffer

Nährwertangaben pro Portion:

- Kalorien: 412 kcal
- Kohlenhydrate: 11 g
- Fett: 18 g
- Eiweiß: 48 g

Zubereitungszeit: 30 Minuten

Zubereitung:

1. Lammfilet waschen, trocken tupfen & mit Salz einreiben
2. Öl in einer Pfanne erhitzen und das Lammfilet kurz scharf anbraten
3. Lamm mit den Kräutern in eine ofenfeste Form geben und bei 180°C für ca. 20 Minuten garen
4. Champignons putzen und halbieren
5. Broccoli putzen und in kleine Röschen zerteilen
6. Paprika waschen, halbieren, entkernen & in Streifen schneiden
7. Knoblauch schälen und fein würfeln
8. Knoblauch in einer heißen Pfanne kurz anbraten, anschließend Pilze, Broccoli & Paprika mit anbraten
9. Die getrockneten Tomaten dazugeben und mit Salz & Pfeffer abschmecken
10. Filet aus dem Ofen nehmen, in Scheiben schneiden und mit dem Gemüse servieren

62. Hähnchen-Champignon-Schmortopf

Zutaten für 2 Portionen:

- 2 Maishähnchenbrüste à 250 g
- 4 Schalotten
- 500 g Champignons
- 100 ml Weißwein
- 400 ml Geflügelbrühe
- 8 Stiele Thymian
- 1 Zitrone
- 2 EL Butter
- 2 EL Olivenöl
- Muskat
- Salz
- Pfeffer

Nährwertangaben pro Portion:

- Kalorien: 750 kcal
- Kohlenhydrate: 5 g
- Fett: 51 g
- Eiweiß: 59 g

Zubereitungszeit: 60 Minuten

Zubereitung:

1. Hähnchen waschen, trocken tupfen und mit Salz & Pfeffer einreiben
2. Öl in einem Bräter erhitzen, die Hähnchenbrüste von allen Seiten scharf anbraten und direkt wieder aus dem Bräter nehmen
3. Schalotten schälen, fein würfeln und im Bräter glasig andünsten, anschließend mit Weißwein ablöschen und ca. 2 Minuten einkochen lassen
4. Hähnchenbrust und Thymian in den Bräter geben und mit 300 ml Brühe auffüllen
5. Den Bräter in den Ofen schieben und das Hähnchen bei 180°C für ca. 40 Minuten garen
6. Champignons putzen, vierteln, in einer Pfanne anbraten und mit Salz & Pfeffer würzen
7. Nach 25 Minuten in den Bräter zum Hähnchen geben, die restliche Brühe dazugeben und für die restlichen 15 Minuten im Backofen garen
8. 5 Minuten vor Ende der Garzeit die Butter unterrühren und alles mit 1 EL Zitronensaft, Muskat, Salz & Pfeffer abschmecken

63. Asiatischer Hähnchensalat

Zutaten für 2 Portionen:

- 300 g Hähnchenbrust
- 40 g Reisnudeln
- 1 Möhre
- 100 g Gurke
- 1 Paprika frisch rot
- 1⁄2 Zwiebel rot
- 1 Limette roh
- 1 Knoblauchzehe
- 1 Chilischote
- 20 g Cashewkerne
- 2 Stängel Basilikum frisch
- 200 ml Gemüsebrühe
- 50 ml Teriyaki-Sauce
- 2 EL Sesamöl
- Salz, Pfeffer

Nährwertangaben pro Portion:

- Kalorien: 467 kcal
- Kohlenhydrate: 32 g
- Fett: 18 g
- Eiweiß: 42 g

Zubereitungszeit: 30 Minuten

Zubereitung:

1. Möhre schälen und in dünne Stifte schneiden
2. Gurke waschen und in dünne Scheiben schneiden
3. Paprika waschen, halbieren, entkernen und in dünne Streifen schneiden
4. Limette heiß waschen, Schale abreiben und die Limette auspressen
5. Zwiebel schälen und in Streifen schneiden, Knoblauch schälen und hacken
6. Gemüsebrühe erhitzen und die Nudeln darin kochen
7. Möhre, Gurke, Paprika, Zwiebeln & Nudeln in einer Salatschüssel mit Salz & Pfeffer abschmecken
8. Hähnchen waschen, trocken tupfen und in einer Pfanne mit Knoblauch & Chilischote goldbraun braten, anschließend Teriyaki-Sauce, Limettenschale und etwas Limettensaft dazugeben, das Fleisch darin wenden und kurz ziehen lassen
9. Cashews grob hacken, Hähnchen in Streifen schneiden und auf den Salat geben

64. Mediterrane Hähnchenschenkel

Zutaten für 2 Portionen:

- 2 Hähnchenschenkel
- 50 g schwarze Oliven, entsteint
- 4 Cherrytomaten
- 1/2 gelbe Paprika
- 1 Knoblauchzehe
- 2 – 3 Stiele Rosmarin
- 1 EL Tomatenmark
- 1 EL Olivenöl
- 100 ml Passata
- 100 ml Geflügelbrühe
- Saft einer halben Zitrone
- Salz
- Pfeffer

Nährwertangaben pro Portion:

- Kalorien: 322 kcal
- Kohlenhydrate: 6 g
- Fett: 26 g
- Eiweiß: 31 g

Zubereitungszeit: 20 Minuten (+ 60 Minuten Backzeit)

Zubereitung:

1. Paprika waschen, halbieren, entkernen und in dünne Streifen schneiden
2. Tomaten waschen und halbieren
3. Knoblauch schälen und pressen
4. Öl in einer Pfanne erhitzen und Hähnchenschenkel von allen Seiten kurz anbraten
5. Tomatenmark & Knoblauch dazugeben und unter Rühren erhitzen
6. Mit der Brühe ablöschen & Passata dazugeben
7. Zitrone auspressen und den Saft in die Pfanne geben, mit Salz & Pfeffer abschmecken
8. Paprika in eine ofenfeste Form geben, die Hähnchenschenkel mit der Tomatensauce dazugeben und im Backofen bei 150°C für ca. 45 bis 60 Minuten garen
9. 10 Minuten vor Ende der Garzeit die Tomaten, Oliven und Rosmarin dazugeben

65. Hähnchen-Kebap-Spieß

Zutaten für 2 Portionen:

- 250 g Hähnchenbrust
- 100 g Zucchini
- 100 g Cherrytomaten
- 80 g rote Paprika
- 1/2 Zwiebel
- 2 EL Olivenöl
- 3 TL Kebab-Gewürz
- 125 g griechischer Joghurt
- 50 g Gurke
- 1 EL Olivenöl
- 3 Knoblauchzehen
- Salz
- Pfeffer

Nährwertangaben pro Portion:

- Kalorien: 328 kcal
- Kohlenhydrate: 9 g
- Fett: 16 g
- Eiweiß: 34 g

Zubereitungszeit: 30 Minuten

Zubereitung:

1. Fleisch waschen, trocken tupfen und in Stücke schneiden
2. Zucchini waschen und in Scheiben schneiden
3. Tomaten waschen und halbieren
4. Zwiebel schälen, in grobe Stücke schneiden und die Schichten trennen
5. Fleisch & Gemüse abwechselnd auf den Spieß stecken
6. Öl, Kebap-Gewürz, Salz & Pfeffer miteinander mischen und die Spieße einpinseln
7. Spieße auf einer Grillpfanne grillen
8. Gurke waschen, trocknen, mit einer Reibe in kleine Stifte reiben und in einem Küchentuch auspressen
9. Knoblauch schälen und pressen
10. Joghurt, Gurke & Knoblauch mischen, mit Salz und Pfeffer abschmecken und zum Schluss das Olivenöl hinzugeben

66. Gemüse-Hähnchen-Bowl

Zutaten für 2 Portionen:

- 2 Hähnchenbrüste
- 60 g Quinoa
- 1 Avocado
- 100 g Kichererbsen
- 60 g Rosenkohl
- 1 rote Paprika
- 40 g Spinat
- 1 Limette
- 6 Stängel Koriander
- 2 TL Sesam hell
- 2 EL Sesamöl
- Salz, Pfeffer

Nährwertangaben pro Portion:

- Kalorien: 730 kcal
- Kohlenhydrate: 33 g
- Fett: 40 g
- Eiweiß: 55 g

Zubereitungszeit: 30 Minuten

Zubereitung:

1. Quinoa in einem Sieb unter fließendem Wasser spülen und nach Packungsanweisung kochen
2. Rosenkohl putzen und 5 bis 10 Minuten dämpfen
3. Hähnchen waschen und trocken tupfen
4. Paprika waschen, halbieren, entkernen und in Streifen schneiden
5. Grillpfanne mit Sesamöl einpinseln und erhitzen und dann das Fleisch braten
6. Nach 5 Minuten das Fleisch wenden, Paprika zum Fleisch geben
7. Avocado halbieren, Kern entfernen und Fruchtfleisch mit einem Löffel von der Schale lösen
8. Limette halbieren, auspressen und den Saft über die Avocado geben
9. Spinat waschen, Kichererbsen in einem Sieb abtropfen lassen
10. Quinoa mit dem restlichen Limettensaft, Salz & Pfeffer abschmecken & auf zwei Schüsseln aufteilen
11. Spinat, Rosenkohl, Avocado und Kichererbsen in die Schüsseln geben, Fleisch in Streifen schneiden und mit der Paprika auf die Schüsseln verteilen, mit Sesam und Koriander verzieren

67. Rinderschmorbraten

Zutaten für 2 Portionen:

- 400 g Rinderschmorbraten
- 75 ml Rotwein
- 2 Knoblauchzehen
- 1/2 EL Tomatenmark, 2-fach konzentriert
- 200 ml Rinderbrühe
- 1 Sternanis
- 1/2 TL Ras el-Hanout
- 1 Lorbeerblätter, getrocknet
- 3 Stängel Thymian
- 1 EL Olivenöl
- Salz
- Pfeffer

Nährwertangaben pro Portion:

- Kalorien: 381 kcal
- Kohlenhydrate: 5 g
- Fett: 19 g
- Eiweiß: 42 g

Zubereitungszeit: 15 Minuten (+ 2 Stunden Backzeit)

Zubereitung:

1. Rindfleisch waschen, trocken tupfen und in grobe Stücke schneiden (ca. Größe der Handfläche)
2. Knoblauch schälen und zerdrücken
3. Olivenöl in einem Bräter erhitzen und Rindfleisch, Knoblauch & Thymian scharf anbraten
4. Tomatenmark dazugeben und anbraten
5. Mit Rotwein ablöschen, 2 Minuten kochen lassen und die Brühe, Sternanis, Ras el-Hanout, Lorbeerblatt, etwas Salz & Pfeffer dazugeben und bei geschlossenem Deckel auf niedriger Flamme für 10 Minuten köcheln lassen
6. Den geschlossenen Bräter im Backofen bei 160°C für ca. 2 Stunden garen und das Fleisch zwischendurch wenden

68. Steak mit Rucola-Salat

Zutaten für 2 Portionen:

- 2 Rindersteaks von der Hüfte, je 200 g
- 200 g Cherrytomaten
- 40 g Rucola
- 2 Stängel Rosmarin
- 60 g Butter
- 2 EL Olivenöl
- Salz
- Pfeffer

Nährwertangaben pro Portion:

- Kalorien: 435 kcal
- Kohlenhydrate: 4 g
- Fett: 38 g
- Eiweiß: 20 g

Zubereitungszeit: 15 Minuten

Zubereitung:

1. Rindfleisch waschen & trocken tupfen
2. Butter und Öl in der Pfanne erhitzen und die Steaks zusammen mit dem Rosmarin braten
3. Steak nach gewünschter Garstufe braten und anschließend mit Salz & Pfeffer würzen
4. Rucola waschen
5. Tomaten waschen und halbieren
6. Rucola und Tomaten mit Salz & Pfeffer würzen und mit dem Steak servieren

69. Rosenkohlpfanne

Zutaten für 2 Portionen:

- 300 g Rosenkohl
- 400 g Bacon oder Schinken
- Saft einer Zitrone
- 2 EL Olivenöl
- 80 g Butter
- 2 TL Zitronenabrieb
- 60 g Parmesan
- Salz
- Pfeffer

Nährwertangaben pro Portion:

- Kalorien: 587 kcal
- Kohlenhydrate: 4 g
- Fett: 43 g
- Eiweiß: 28 g

Zubereitungszeit: 20 Minuten

Zubereitung:

1. Rosenkohl putzen und für 4 bis 6 Minuten dämpfen
2. Bacon in Würfel schneiden
3. Butter und Öl in einer Pfanne erhitzen und Bacon & Rosenkohl braten
4. Zitronensaft & Zitronenabrieb dazugeben und mit Salz & Pfeffer würzen
5. Auf einem Teller mit Parmesan bestreuen

70. Salat-Wraps

Zutaten für 2 Portionen:

- 400 g Hähnchenbrust
- 20 g Kopfsalat
- 2 Tomaten
- 30 g rote Paprika
- 30 g grüne Paprika
- 1 EL Olivenöl
- 2 TL Sojasauce
- Salz
- Pfeffer

Nährwertangaben pro Portion:

- Kalorien: 283 kcal
- Kohlenhydrate: 5 g
- Fett: 43 g
- Eiweiß: 28 g

Zubereitungszeit: 20 Minuten

Zubereitung:

1. Hähnchen waschen, trocken tupfen und in kleine Streifen schneiden
2. Hähnchen mit Sojasauce, Olivenöl, Salz & Pfeffer marinieren
3. Salatblätter waschen
4. Paprika waschen, halbieren, entkernen und in Streifen schneiden
5. Tomaten waschen, halbieren und in Würfel schneiden
6. Hähnchen in einer Pfanne goldbraun braten
7. Hähnchen & Gemüse auf die Salatblätter geben, mit Salz & Pfeffer würzen

71. Schweinefilet in Bacon-Kräuter-Mantel

Zutaten für 2 Portionen:

- 500 g Schweinefilet
- 300 g Bacon
- 1 Knoblauchzehe
- 1 TL Zitronenabrieb
- 2 Zweige Rosmarin
- 3 Zweige Thymian
- 2 Zweige Basilikum
- 1 Zweig Kerbel
- 60 ml Olivenöl
- Salz
- Pfeffer

Nährwertangaben pro Portion:

- Kalorien: 967 kcal
- Kohlenhydrate: 1 g
- Fett: 70 g
- Eiweiß: 82 g

Zubereitungszeit: 25 Minuten

Zubereitung:

1. Kräuter waschen, Blätter zupfen
2. Knoblauch schälen und grob hacken
3. Kräuter, Öl, Knoblauch, Salz, Pfeffer und Zitronenabrieb in einem Mörser zerstoßen
4. Silberhaut und Fett mit einem scharfen Messer vom Schweinefilet schneiden
5. Bacon um das Filet legen und fest andrücken
6. Filet mit der Kräuterpaste einpinseln und anschließend in einer Pfanne scharf anbraten
7. Anschließend in einer ofenfesten Form im Backofen bei 80°C für 15 bis 20 Minuten garen (je nach gewünschter Garstufe)

72. Spargel mit Schinken

Zutaten für 2 Portionen:

- 1 kg Spargel
- 4 Scheiben Schinken
- 1 Zitrone
- Kresse
- 1 TL Xucker
- 250 g Butter
- 3 Eigelbe
- 6 EL Weißwein (trocken)
- 1 EL Zitronensaft
- Salz
- Pfeffer

Nährwertangaben pro Portion:

- Kalorien: 1219 kcal
- Kohlenhydrate: 6 g
- Fett: 27 g
- Eiweiß: 37 g

Zubereitungszeit: 25 Minuten

Zubereitung:

1. Spargel schälen und Enden abschneiden
2. Einen Topf mit viel Wasser mit 1 TL Salz und Xucker zum Kochen bringen und den Spargel mit 1 TL Zitronensaft bei mittlerer Hitze 15 bis 20 Minuten kochen
3. Butter in einem Topf zerlassen
4. Eier trennen und das Eigelb mit dem Wein in einer Metallschüssel über einem Wasserbad cremig schlagen
5. Die Schale von der Hitze nehmen und die Butter langsam und tropfenweise unter ständigem Rühren dazugeben, bis eine cremige Sauce entsteht
6. Mit Salz & Pfeffer abschmecken und bei Bedarf noch etwas Zitronensaft dazugeben

73. Thai-Kokos-Suppe

Zutaten für 2 Portionen:

- 200 g Hähnchenbrustfilet
- 300 ml Gemüsebrühe
- 200 ml Kokosmilch
- 50 g Champignons
- 50 g Lauch
- 1/2 rote Paprika
- 1/2 grüne Paprika
- 1/2 Möhre
- 1/2 große Zwiebel
- 1 EL Kokosöl
- 1 Knoblauchzehen
- 1/2 rote Chilischote
- 1 TL grüne Currypaste
- 10 g Ingwer, gerieben
- 1 Stange Zitronengras
- 1⁄2 Bund Koriander
- Saft einer Limette
- Salz, Pfeffer

Nährwertangaben pro Portion:

- Kalorien: 385 kcal
- Kohlenhydrate: 10 g
- Fett: 25 g
- Eiweiß: 28 g

Zubereitungszeit: 50 Minuten

Zubereitung:

1. Hähnchen waschen und in kleine Stücke schneiden, Gemüse putzen und in kleine Scheiben schneiden, Knoblauch schälen und pressen
2. Chili halbieren, entkernen und klein hacken, Ingwer schälen und reiben
3. Kokosöl in einem Topf erhitzen und das Hähnchen darin scharf anbraten
4. Lauch, Zwiebel & Currypaste dazugeben und kurz anbraten, Brühe hinzugeben und kurz aufkochen lassen
5. Zitronengras auf einem Arbeitsbrett auspressen, Gemüse, Ingwer, Knoblauch & Zitronengras in den Topf geben und 30 Minuten köcheln
6. Kokosmilch dazugeben und aufkochen lassen, mit Koriander, Limettensaft, Salz & Pfeffer abschmecken

74. Asiatisches Hühnchen

Zutaten für 2 Portionen:

- 340 g Hähnchenfilet
- 4 EL Kokosöl
- 2 Zwiebeln
- 2 rote Paprika
- 1 Dose Mungobohnenkeimlinge
- 2 Möhren
- 4 Eier
- 2 Stangen Frühlingszwiebeln
- Salz
- Pfeffer
- Kurkuma
- Curry
- Chiliflocken

Nährwertangaben pro Portion:

- Kalorien: 600 kcal
- Kohlenhydrate: 27 g
- Fett: 30 g
- Eiweiß: 54 g

Zubereitungszeit: 20 Minuten

Zubereitung:

1. Hähnchen waschen, trocken tupfen und in kleine Würfel schneiden
2. Zwiebeln schälen, vierteln und die Schichten per Hand auflösen
3. Paprika waschen, halbieren, entkernen und in feine Streifen schneiden
4. Möhre schälen und in Scheiben schneiden
5. Frühlingszwiebel waschen und in feine Ringe schneiden
6. Kokosöl in einer Pfanne erhitzen und das Hähnchen von allen Seiten anbraten
7. Hitze reduzieren, das Gemüse hinzugeben und für ca. 4 Minuten anbraten
8. Keimlinge abgießen und unter das Gemüse heben
9. Alles mit Kurkuma, Salz, Pfeffer, Curry & Chiliflocken abschmecken
10. Eier in einer Schüssel vermischen und in die Pfanne geben
11. Pfanne direkt vom Herd nehmen und alles so lange durchrühren, bis das Ei komplett gestockt ist

75. Paprika im Speckmantel

Zutaten für 2 Portionen:

- 50 g Quinoa
- 320 g Paprika
- 1 Knoblauchzehe
- 40 g Möhre
- 80 g Sellerie
- 100 g Bacon
- 50 g Manchego
- 4 EL Olivenöl
- Ras el-Hanout
- Salz
- Pfeffer

Nährwertangaben pro Portion:

- Kalorien: 465 kcal
- Kohlenhydrate: 29 g
- Fett: 29 g
- Eiweiß: 16 g

Zubereitungszeit: 30 Minuten

Zubereitung:

1. Quinoa in einem Topf mit Wasser und einer Prise Salz 10 Minuten köcheln lassen
2. Paprika waschen, halbieren und entkernen
3. Knoblauch schälen und fein hacken
4. Sellerie & Möhre schälen und fein Würfeln
5. Olivenöl in einer Pfanne erhitzen und den Knoblauch kurz andünsten, anschließend Sellerie & Möhre dazugeben und mit Salz, Pfeffer & Ras el-Hanout würzen
6. Quinoa abgießen und in die Pfanne geben und mit dem Gemüse vermischen
7. Manchego reiben
8. Quinoa-Gemüse-Mischung in die Paprikahälften füllen, mit Manchego bestreuen und anschließend mit Bacon umwickeln
9. In einer ofenfesten Form im Backofen ca. 10 Minuten backen

76. Butterhühnchen in Broccoli-Ananas-Sauce

Zutaten für 2 Portionen:

- 500 g Hähnchenschenkel
- 1/4 Ananas
- 20 g Champignons
- 1/4 Broccoli
- 1 Knoblauchzehe
- 1/2 Zwiebel
- 100 ml Sahne
- 50 ml saure Sahne
- 2 Stängel Minze
- 20 g Butter
- 1 Zitrone
- Kardamom
- Chili
- Salz, Pfeffer

Nährwertangaben pro Portion:

- Kalorien: 446 kcal
- Kohlenhydrate: 4 g
- Fett: 38 g
- Eiweiß: 21 g

Zubereitungszeit: 35 Minuten

Zubereitung:

1. Hühnchen waschen, trocken tupfen und in einer Pfanne mit Butter von jeder Seite scharf anbraten
2. Champignons putzen und in dünne Scheiben schneiden
3. Broccoli in Röschen zerteilen und in Salzwasser 6 Minuten kochen
4. Ananas schälen und in kleine Stücke schneiden
5. Knoblauch & Zwiebel schälen und fein würfeln
6. Hühnchen aus der Pfanne nehmen, zur Seite stellen und in der Pfanne Knoblauch & Zwiebel golden braten
7. Champignons, Broccoli & Ananas in die Pfanne geben, mit Sahne & saurer Sahne verrühren, bei niedriger Hitze einkochen und mit Salz, Pfeffer, Chili & Kardamom abschmecken
8. Hähnchen wieder in die Pfanne geben und mit dem Saft einer Zitrone 10 Minuten köcheln lassen
9. Minze klein hacken und zum Schluss dazugeben

77. Schnelle Gemüsesuppe mit Hähnchen

Zutaten für 2 Portionen:

- 200 g Sellerieknolle
- 200 g Lauch
- 160 g Möhre
- 100 g Pastinake
- 200 g Hähnchenkassler
- 800 ml Gemüsebrühe
- 1 Lorbeerblatt
- 1 TL Butter
- Salz
- Pfeffer

Nährwertangaben pro Portion:

- Kalorien: 297 kcal
- Kohlenhydrate: 15 g
- Fett: 12 g
- Eiweiß: 28 g

Zubereitungszeit: 30 Minuten

Zubereitung:

1. Sellerie, Pastinake & Möhre schälen und in kleine Stücke schneiden
2. Butter in einem Topf erhitzen und das Gemüse darin 2 Minuten anbraten
3. Kasseler in Würfel schneiden und mit anbraten
4. Gemüsebrühe & Lorbeerblatt in den Topf geben und 15 Minuten bei mittlerer Flamme köcheln lassen
5. Lauch putzen und in Ringe schneiden
6. Lauch in die Suppe geben und 5 Minuten kochen lassen, mit Salz & Pfeffer abschmecken

78. Kürbis-Gulasch

Zutaten für 2 Portionen:

- 400 g Rindergulasch
- 200 g Hokkaido-Kürbis
- 2 rote Zwiebel
- 2 Knoblauchzehen
- 50 g Pastinake
- 1 Apfel
- 100 g Möhre
- 6 EL Tomatenmark
- 1/2 Bund Thymian
- 1 Lorbeerblatt
- 1 EL Ras el-Hanout
- 1 EL Kokosöl
- 250 ml Wasser

Nährwertangaben pro Portion:

- Kalorien: 430 kcal
- Kohlenhydrate: 39 g
- Fett: 8 g
- Eiweiß: 49 g

Zubereitungszeit: 30 Minuten

Zubereitung:

1. Rindfleisch abspülen und trocken tupfen
2. Knoblauch & Zwiebel schälen und klein hacken
3. Möhren, Kürbis und Pastinake schälen und in kleine Würfel schneiden
4. Apfel waschen und in kleine Würfel schneiden
5. Kokosöl in einem großen Topf erhitzen, das Fleisch scharf anbraten und anschließend herausnehmen
6. Im Topf Zwiebeln und Knoblauch glasig andünsten, Tomatenmark & Ras el-Hanout dazugeben und alles mischen
7. Das restliche Gemüse dazugeben und ca. 6 Minuten anbraten
8. Lorbeerblatt, Thymian und das Wasser hinzugeben
9. Bei niedriger Hitze 45 Minuten schmoren lassen
10. Anschließend das Fleisch hinzugeben und 10 Minuten köcheln lassen

79. Hähnchen auf Paprikagemüse

Zutaten für 2 Portionen:

- 400 g Hähnchenfilet
- 1 gelbe Paprika
- 1 rote Paprika
- 20 ml Kokosöl
- 50 ml Milch
- Salz
- Pfeffer
- Geräuchertes Paprikapulver

Nährwertangaben pro Portion:

- Kalorien: 394 kcal
- Kohlenhydrate: 15 g
- Fett: 19 g
- Eiweiß: 44 g

Zubereitungszeit: 15 Minuten

Zubereitung:

1. Hähnchen waschen, trocken tupfen und in Würfel schneiden
2. Paprika waschen, vierteln, entkernen und in Streifen schneiden
3. In einer Pfanne das Öl erhitzen und das Fleisch scharf anbraten
4. Die Paprika dazugeben und ca. 3 Minuten mit dem Fleisch braten
5. Mit Salz, Pfeffer und Paprikapulver würzen
6. Milch dazugeben und bei ständigem Rühren einkochen lassen

80. Pilzgulasch

Zutaten für 2 Portionen:

- 300 g Hähnchenfilet
- 120 g Champignons
- 100 g Paprika
- 60 g Frühlingszwiebel
- 2 EL Erdnussbutter
- 200 ml Gemüsebrühe
- 100 ml Sahne
- 2 EL Sojasauce
- 2 EL Sesamöl
- Salz
- Pfeffer

Nährwertangaben pro Portion:

- Kalorien: 394 kcal
- Kohlenhydrate: 15 g
- Fett: 19 g
- Eiweiß: 44 g

Zubereitungszeit: 20 Minuten

Zubereitung:

1. Hähnchen waschen, trocken tupfen und in Würfel schneiden
2. In einem Topf Sesamöl erhitzen, das Fleisch scharf anbraten und anschließend zur Seite stellen
3. Paprika waschen, vierteln, entkernen und in Streifen schneiden
4. Champignons putzen und in Scheiben schneiden
5. Paprika und Champignons im Topf anbraten
6. Brühe, Sahne, Erdnussbutter & Sojasauce in den Topf geben, gut durchrühren und ca. 5 Minuten köcheln lassen
7. Hähnchen in den Topf geben, mit Salz & Pfeffer abschmecken
8. Frühlingszwiebeln waschen, hacken und zu dem Gulasch geben

81. Zucchininudeln mit Hähnchen in Parmesansauce

Zutaten für 2 Portionen:

- 300 g Hähnchenfilet
- 200 g Kirschtomaten
- 1 Knoblauchzehe
- 1 EL Olivenöl
- 1/2 Zucchini
- 2 EL Joghurt
- 25 ml Milch
- 35 g Parmesan
- Salz
- Pfeffer

Nährwertangaben pro Portion:

- Kalorien: 436 kcal
- Kohlenhydrate: 11 g
- Fett: 25 g
- Eiweiß: 41 g

Zubereitungszeit: 30 Minuten

Zubereitung:

1. Hähnchen waschen, trocken tupfen, in Würfel schneiden und in einer Pfanne mit dem Olivenöl scharf anbraten
2. Tomaten waschen und halbieren
3. Knoblauch schälen und fein hacken
4. Tomaten & Knoblauch in die Pfanne geben
5. Zucchini waschen und mit einem Spiralschneider in feine Nudeln schneiden
6. Milch, Joghurt & Parmesan in die Pfanne geben, bei niedriger Hitze aufkochen lassen und mit Salz & Pfeffer abschmecken
7. Zucchini Nudeln in die Pfanne geben und ca. 3 Minuten köcheln lassen

82. Kürbis-Chili

Zutaten für 2 Portionen:

- 250 g Rinderhackfleisch
- 160 g Hokkaido-Kürbis
- 100 g Paprika
- 2 EL Mais
- 1 Knoblauchzehe
- 40 g Zwiebel
- 1 Chilischote
- 2 EL Olivenöl
- 200 ml Rinderbrühe
- 200 ml gestückelte Tomaten
- 2 TL Tomatenmark
- 1 TL Chiliflocken
- 2 TL Crème fraîche
- Salz
- Pfeffer

Nährwertangaben pro Portion:

- Kalorien: 490 kcal
- Kohlenhydrate: 23 g
- Fett: 30 g
- Eiweiß: 31 g

Zubereitungszeit: 65 Minuten

Zubereitung:

1. Kürbis schälen, entkernen und fein würfeln
2. Paprika waschen, halbieren, entkernen und fein würfeln
3. Zwiebel & Knoblauch schälen und fein würfeln
4. Chili waschen, entkernen und fein würfeln
5. Olivenöl in einem Topf erhitzen und das Hackfleisch anbraten
6. Tomatenmark unterrühren und direkt mit Salz & Pfeffer würzen
7. Zwiebel, Knoblauch, Kürbis, Paprika, Mais & Chili hinzugeben und kurz anbraten
8. Brühe und Tomaten hinzugeben
9. 20 Minuten köcheln lassen
10. Mit Salz, Pfeffer und Chiliflocken abschmecken und beim Servieren Crème fraîche auf das Chili geben

83. Hähnchenfilet in Tomatensauce

Zutaten für 2 Portionen:

- 400 g Hähnchenfilet
- 400 g gehackte Tomaten
- 6 Kirschtomaten
- 100 g Rucola
- 10 ml Kokosöl
- 20 ml Sahne
- Salz
- Pfeffer

Nährwertangaben pro Portion:

- Kalorien: 299 kcal
- Kohlenhydrate: 12 g
- Fett: 9 g
- Eiweiß: 43 g

Zubereitungszeit: 20 Minuten

Zubereitung:

1. Hähnchenfilet waschen, trocken tupfen und in Streifen schneiden
2. In einer Pfanne das Öl erhitzen und das Fleisch scharf anbraten
3. Rucola und Kirschtomaten waschen und klein schneiden
4. Kirschtomaten in die Pfanne geben und anbraten
5. Gehackte Tomaten mit der Sahne in die Pfanne geben und aufkochen lassen
6. Mit Salz & Pfeffer abschmecken und den Rucola vorsichtig unterheben

84. Pilzpfanne mit Putenbrust

Zutaten für 2 Portionen:

- 500 g Putenbrustfilet
- 100 g Frühlingszwiebeln
- 40 ml Rapsöl
- 10 mittelgroße Champignons
- 2 Bund Rucola
- 2 Möhren
- 1 EL Dill-Senf
- Salz
- Pfeffer

Nährwertangaben pro Portion:

- Kalorien: 508 kcal
- Kohlenhydrate: 7 g
- Fett: 24 g
- Eiweiß: 65 g

Zubereitungszeit: 20 Minuten

Zubereitung:

1. Putenfleisch waschen, trocken tupfen und in Streifen schneiden
2. Frühlingszwiebeln waschen und in Ringe schneiden
3. Möhre schälen und in Scheiben schneiden
4. Champignons putzen und in feine Scheiben schneiden
5. In einer Pfanne das Öl erhitzen und das Fleisch scharf anbraten
6. Pilze, Möhre und Frühlingszwiebeln dazugeben
7. Im eigenen Sud auf mittlerer Hitze ca. 10 Minuten köcheln lassen, den Senf dazugeben und mit Salz & Pfeffer würzen
8. Rucola waschen und in der Pfanne unter das Fleisch heben

85. Kabanossi-Paprika-Suppe

Zutaten für 2 Portionen:

- 200 g Paprika
- 60 g Zwiebel
- 2 Knoblauchzehen
- 400 ml Tomatensaft
- 100 ml Gemüsebrühe
- 100 ml Sahne
- 60 g Kabanossi
- 1 EL Rapsöl
- Paprikapulver
- Oregano
- Salz
- Pfeffer

Nährwertangaben pro Portion:

- Kalorien: 358 kcal
- Kohlenhydrate: 18 g
- Fett: 27 g
- Eiweiß: 10 g

Zubereitungszeit: 20 Minuten

Zubereitung:

1. Paprika waschen, vierteln entkernen und auf einem Backblech mit der Haut nach oben für 10 Minuten grillen, bis die Haut Blasen wirft
2. Paprika mit feuchtem Küchentuch abdecken, 10 Minuten ruhen lassen und anschließend mit einem Messer die Haut abziehen
3. Paprika in der Gemüsebrühe pürieren
4. Zwiebel & Knoblauch schälen und fein würfeln
5. In einem Topf Öl erhitzen und Zwiebel und Knoblauch glasig andünsten
6. Tomatensaft, pürierte Paprika & Sahne hinzugeben und aufkochen lassen
7. Mit Salz, Pfeffer, Paprikapulver & Oregano abschmecken
8. Kabanossi in Scheiben schneiden und in einer Pfanne ohne Fett rösten und anschließend in die Suppe geben

86. Paprika-Hack-Eintopf

Zutaten für 2 Portionen:

- 300 g Rinderhackfleisch
- 60 g Zwiebeln
- 100 g gelbe Paprika
- 100 g rote Paprika
- 240 g Tomaten
- 300 ml passierte Tomaten
- 300 ml Gemüsebrühe
- 2 EL Olivenöl
- Chiliflocken
- Salz
- Pfeffer

Nährwertangaben pro Portion:

- Kalorien: 550 kcal
- Kohlenhydrate: 19 g
- Fett: 35 g
- Eiweiß: 37 g

Zubereitungszeit: 30 Minuten

Zubereitung:

1. Paprika waschen, vierteln, entkernen und in Stücke schneiden
2. Tomate waschen und in Würfel schneiden
3. Zwiebel schälen und fein würfeln
4. In einem Topf Olivenöl erhitzen und das Hackfleisch anbraten
5. Zwiebel hinzugeben und scharf anbraten
6. Anschließend Paprika dazugeben und alles mit Chili, Salz & Pfeffer würzen
7. Die Brühe hinzugießen und 10 Minuten bei leichter Hitze köcheln
8. Passierte Tomaten dazugeben und 5 Minuten köcheln lassen
9. Tomatenstücke dazugeben und weitere 5 Minuten köcheln

87. Hähnchen-Gyros mit Gurkensalat

Zutaten für 2 Portionen:

- 400 g Hähnchengeschnetzeltes
- 4 EL Olivenöl
- 2 EL Sojasauce
- 1 EL Oregano
- 1 TL Paprikapulver
- 1/2 TL Rosmarin
- 1 Stange Frühlingszwiebel
- 1/2 Salatgurke
- 1 TL Senf
- 1 EL Joghurt
- 25 ml Milch
- Salz
- Pfeffer

Nährwertangaben pro Portion:

- Kalorien: 485 kcal
- Kohlenhydrate: 9 g
- Fett: 28 g
- Eiweiß: 51 g

Zubereitungszeit: 15 Minuten

Zubereitung:

1. Hähnchen mit 3 EL Olivenöl, Salz, Pfeffer, Paprikapulver, Oregano, Rosmarin & Sojasauce vermischen und kurz ziehen lassen
2. Pfanne ohne Öl erhitzen und das Fleisch von allen Seiten scharf anbraten
3. Frühlingszwiebel waschen und in feine Ringe schneiden
4. Gurke waschen und in Scheiben schneiden
5. Gurke in einer Schale mit Senf, Joghurt, Milch, 1 EL Olivenöl, Salz und Pfeffer vermischen
6. Frühlingszwiebel über das fertig gebratene Fleisch geben und alles zusammen anrichten

88. Schinken-Sellerie-Risotto

Zutaten für 2 Portionen:

- 800 g Knollensellerie
- 60 g Zwiebel
- 40 g Crème fraîche
- 40 g Parmesan
- 100 g Schinkenwürfel
- 500 ml Gemüsebrühe
- 4 TL Butter
- Muskat
- Salz
- Pfeffer

Nährwertangaben pro Portion:

- Kalorien: 318 kcal
- Kohlenhydrate: 13 g
- Fett: 13 g
- Eiweiß: 27 g

Zubereitungszeit: 30 Minuten

Zubereitung:

1. Sellerie schälen und fein würfeln
2. Zwiebel schälen und fein würfeln
3. 2 TL Butter in einem Topf erhitzen und Sellerie & Zwiebeln kurz anbraten
4. Gemüsebrühe hinzugeben und 20 Minuten bei leichter Hitze köcheln
5. Crème fraîche & Parmesan unterrühren und 2 Minuten ziehen lassen
6. Den Rest der Butter in einer Pfanne langsam erhitzen und den Schinken scharf anbraten
7. Risotto auf einem Teller anrichten und Schinken drauflegen

89. Schinken-Spargel-Suppe

Zutaten für 2 Portionen:

- 500 g Spargel
- 80 g Zwiebel
- 2 EL Butter
- 200 ml Sahne
- 600 ml Wasser
- 50 g Kochschinken
- Salz
- Pfeffer

Nährwertangaben pro Portion:

- Kalorien: 540 kcal
- Kohlenhydrate: 11 g
- Fett: 48 g
- Eiweiß: 14 g

Zubereitungszeit: 30 Minuten

Zubereitung:

1. Spargel schälen und die holzigen Enden abschneiden
2. Das Wasser in einem Topf mit den Schalen und Enden für 10 Minuten kochen
3. Das Wasser durch ein Sieb gießen und aufheben, Schalen und Enden entsorgen
4. Spargel in Stücke schneiden
5. Zwiebel schälen und fein würfeln
6. In einer Pfanne die Butter erhitzen und Zwiebel und Spargel darin bei mittlerer Hitze für 4 Minuten braten
7. Spargel, Zwiebel, Spargelsud & Sahne in einem Topf 10 Minuten köcheln lassen und anschließend pürieren
8. Mit Salz und Pfeffer abschmecken
9. Schinken in feine Streifen schneiden und über die Suppe geben

90. Hack-Pfanne mit Spitzkohl

Zutaten für 2 Portionen:

- 1/2 Spitzkohl
- 1 Zwiebel
- 300 g Hackfleisch
- 50 ml Gemüsebrühe
- 50 g Kräuterfrischkäse
- 100 ml Sahne
- 1 EL Olivenöl
- Muskat
- Salz
- Pfeffer

Nährwertangaben pro Portion:

- Kalorien: 565 kcal
- Kohlenhydrate: 7 g
- Fett: 39 g
- Eiweiß: 38 g

Zubereitungszeit: 20 Minuten

Zubereitung:

1. Zwiebel schälen und fein würfeln
2. Spitzkohl putzen, waschen, halbieren, Kern herausschneiden und in Streifen schneiden
3. In einer Pfanne das Olivenöl erhitzen und das Hackfleisch anbraten
4. Zwiebel dazugeben und mit Salz & Pfeffer würzen
5. Spitzkohl dazugeben, mit der Brühe auffüllen und für 10 Minuten kochen
6. Sahne & Frischkäse einrühren und 5 Minuten bei schwacher Hitze köcheln
7. Mit Salz, Pfeffer & Muskat abschmecken

91. Broccoli-Steak-Pfanne

Zutaten für 2 Portionen:

- 360 g Rindersteak
- 300 g Broccoli
- 80 g Zwiebel
- 2 Knoblauchzehen
- 2 EL Olivenöl
- 2 TL Chilisauce
- Chiliflocken
- Salz
- Pfeffer

Nährwertangaben pro Portion:

- Kalorien: 369 kcal
- Kohlenhydrate: 7 g
- Fett: 17 g
- Eiweiß: 44 g

Zubereitungszeit: 20 Minuten

Zubereitung:

1. Broccoli putzen, in kleine Röschen schneiden und in Salzwasser für 2 Minuten kochen
2. Fleisch waschen, trocken tupfen und in Streifen schneiden
3. In einer Pfanne das Olivenöl erhitzen, das Fleisch kurz scharf anbraten und mit Salz & Pfeffer würzen
4. Das Fleisch aus der Pfanne nehmen und zur Seite stellen
5. Zwiebel & Knoblauch schälen, fein würfeln und in der Pfanne anbraten
6. Chilisauce und Broccoli hinzugeben und 3 Minuten braten
7. Fleisch in die Pfanne geben und alles mit Salz, Pfeffer & Chili abschmecken

92. Gratinierter Chicorée

Zutaten für 2 Portionen:

- 2 Chicorée
- 2 Stangen Frühlingszwiebel
- 100 g Kochschinken
- 300 g gestückelte Tomaten
- 80 g Emmentaler
- 2 EL Olivenöl
- Salz
- Pfeffer

Nährwertangaben pro Portion:

- Kalorien: 361 kcal
- Kohlenhydrate: 13 g
- Fett: 24 g
- Eiweiß: 21 g

Zubereitungszeit: 25 Minuten

Zubereitung:

1. In einer Pfanne das Öl erhitzen, den Chicorée 2 Minuten von allen Seiten anbraten und zur Seite stellen
2. Frühlingszwiebel waschen und in Ringe schneiden
3. Schinken in feine Streifen schneiden
4. Schinken & Frühlingszwiebel in der Pfanne kurz anbraten
5. Tomaten hinzufügen, 5 Minuten kochen lassen und mit Salz & Pfeffer würzen
6. Tomatensauce in eine ofenfeste Form geben, den Chicorée hineinlegen und mit Käse bestreuen
7. Im Ofen ca. 15 Minuten überbacken

93. Hähnchen auf Zucchininudeln mit Parmesansauce

Zutaten für 2 Portionen:

- 2 Hähnchenbrüste à 180 g
- 1 Zucchini
- 60 g Parmesan
- 100 g Frischkäse
- 200 ml Milch
- 2 TL Olivenöl
- 1 TL Oregano
- Salz
- Pfeffer

Nährwertangaben pro Portion:

- Kalorien: 510 kcal
- Kohlenhydrate: 12 g
- Fett: 27 g
- Eiweiß: 53 g

Zubereitungszeit: 15 Minuten

Zubereitung:

1. Zucchini waschen und mit einem Sparschäler in dünne Scheiben schneiden
2. In einer Pfanne das Öl erhitzen und die Hähnchenbrüste von beiden Seiten 5 Minuten braten
3. Hähnchen aus der Pfanne nehmen, abkühlen lassen und dann in Streifen schneiden
4. Milch, Frischkäse, Parmesan & Oregano in die Pfanne geben und aufkochen lassen
5. Mit Salz & Pfeffer würzen und die Zucchinischeiben in die Sauce legen
6. Die Hähnchenstreifen in die Pfanne legen und aufwärmen

94. Zucchini Carbonara

Zutaten für 2 Portionen:

- 2 Zucchini
- 1 EL Olivenöl
- 100 g Kochschinken
- 1 Zwiebel
- 100 ml Sahne
- 2 Eier
- Pfeffer

Nährwertangaben pro Portion:

- Kalorien: 377 kcal
- Kohlenhydrate: 11 g
- Fett: 27 g
- Eiweiß: 22 g

Zubereitungszeit: 20 Minuten

Zubereitung:

1. Zucchini waschen und mit einem Spiralschneider zu langen Nudeln schneiden
2. Zwiebel schälen und fein würfeln
3. Kochschinken in feine Streifen schneiden
4. In einer Pfanne das Öl erhitzen und die Zwiebel andünsten
5. Den Schinken dazugeben und anbraten
6. Sahne in die Pfanne geben und aufkochen lassen
7. Hitze reduzieren, die Eier dazugeben und ständig rühren, nicht mehr kochen lassen
8. Zucchininudeln in die Pfanne geben und unter Rühren 2 bis 3 Minuten lang erwärmen

Vegetarisch & Vegan

95. Asiatischer Salat

Zutaten für 2 Portionen:

- 1 Salatgurke
- 4 Möhren
- 1 Paprika
- 3 EL Erdnussbutter
- 2 EL Sojasauce
- 2 TL Honig
- 5 – 6 EL Wasser
- 2 EL Erdnüsse
- 1 TL Sesam

Nährwertangaben pro Portion:

- Kalorien: 403 kcal
- Kohlenhydrate: 31 g
- Fett: 25 g
- Eiweiß: 19 g

Zubereitungszeit: 25 Minuten

Zubereitung:

1. Gurke & Möhren waschen und mit einem Spiralschneider in dünne, lange Streifen schneiden
2. Paprika waschen, halbieren, entkernen und in dünne Stifte schneiden
3. Erdnussbutter, Sojasauce, Honig & Wasser in einer Pfanne leicht erwärmen
4. Sauce über das Gemüse geben und mit Erdnüssen und Sesam garnieren

96. Shakshuka

Zutaten für 2 Portionen:

- 1 mittelgroße Aubergine
- 1 rote Paprika
- 1/2 mittelgroße Zwiebel
- 1 TL Kokosöl
- 1 Knoblauchzehe
- 1/2 TL Cumin
- 1 TL Chilipulver
- 1 TL Paprikapulver
- 1 EL Tomatenmark
- 1 Dose Tomaten (gehackt)
- 1/2 Bund Koriander
- 1/2 Bund Petersilie
- 4 mittelgroße Eier
- 150 g Spinat
- 2 EL Tahini

Nährwertangaben pro Portion:

- Kalorien: 407 kcal
- Kohlenhydrate: 23 g
- Fett: 24 g
- Eiweiß: 26 g

Zubereitungszeit: 25 Minuten

Zubereitung:

1. Aubergine waschen und in Scheiben schneiden
2. Paprika waschen, halbieren, entkernen und in Streifen schneiden
3. Zwiebel schälen, fein würfeln und in Kokosöl in einem Topf glasig andünsten
4. Knoblauch schälen und in den Topf pressen
5. Gewürze, Tomatenmark, Aubergine und Paprika in den Topf geben und weich dünsten
6. Koriander & Petersilie hacken
7. Tomaten, Koriander & Petersilie in den Topf geben und 10 Minuten bei leichter Hitze köcheln lassen
8. Mit einem Löffel 4 kleine Mulden in die Masse im Topf drücken, jeweils ein Ei hineinfließen lassen und bei geschlossenem Topf 5 Minuten garen
9. Spinat auf die Masse streuen, noch 1 Minute mitgaren lassen und mit jeweils 1 EL Tahini servieren

97. Süßkartoffelauflauf

Zutaten für 2 Portionen:

- 100 g Süßkartoffel
- 100 g Zucchini
- 200 g Tomate/n
- 250 ml Passata
- 1 TL Olivenöl
- 150 g Gouda
- 1/2 Zwiebel
- 2 Knoblauchzehen
- 3 Stängel Thymian frisch
- 3 Stängel Petersilie

Nährwertangaben pro Portion:

- Kalorien: 415 kcal
- Kohlenhydrate: 22 g
- Fett: 27 g
- Eiweiß: 21 g

Zubereitungszeit: 50 Minuten

Zubereitung:

1. Süßkartoffel schälen und in Scheiben schneiden
2. Zucchini & Tomaten waschen und in Scheiben schneiden
3. Zwiebel schälen & fein würfeln
4. Knoblauch schälen und in dünne Scheiben schneiden
5. Olivenöl in einem Topf erhitzen und Zwiebeln glasig andünsten, Süßkartoffeln dazugeben und anbraten
6. Zucchini & Knoblauch dazugeben und anbraten
7. Passata dazugeben und alles für ca. 5 Minuten zugedeckt leise köcheln lassen
8. Tomaten & gehackte Petersilie dazugeben, umrühren und den Topf von der Flamme nehmen
9. Alles mit Salz & Pfeffer würzen und in eine ofenfeste Form geben
10. Gouda und Thymian auf das Gemüse geben und im Backofen bei 175°C für 30 bis 40 Minuten garen

98. Gebackene Aubergine auf Salat

Zutaten für 2 Portionen:

- 200 g Aubergine
- 150 g Tomaten
- 40 g gelbe Paprika
- 40 g rote Paprika
- 25 g Endivien Salat
- 25 g Romana-Salat
- 1 kleine Zwiebel, rot
- 1 kleine Pfefferschote (Chili) roh
- 2 Knoblauchzehen
- 1 Prise Kreuzkümmel
- 4 EL Olivenöl

Nährwertangaben pro Portion:

- Kalorien: 239 kcal
- Kohlenhydrate: 10 g
- Fett: 19 g
- Eiweiß: 4 g

Zubereitungszeit: 30 Minuten

Zubereitung:

1. Aubergine waschen und in mundgerechte Stücke schneiden
2. Knoblauch schälen und pressen
3. Aubergine, Knoblauch, 1 EL Olivenöl, Salz & Pfeffer mischen, auf einem Backblech mit Backpapier verteilen und im Backofen bei 160°C für 10 Minuten garen
4. Tomaten waschen und vierteln
5. Paprika waschen, halbieren, entkernen und in dünne Streifen schneiden
6. Salat waschen und in feine Streifen schneiden
7. Zwiebel schälen und in feine Streifen schneiden
8. Chilischote halbieren, entkernen und in dünne Ringe schneiden
9. Tomaten, Paprika, Salat, Zwiebel, Chili, Olivenöl, Kreuzkümmel, Salz & Pfeffer in einer Schale mischen
10. Aubergine aus dem Ofen nehmen, kurz abkühlen lassen und auf dem Salat anrichten

99. Gefüllte Zucchini auf Tomatensauce

Zutaten für 2 Portionen:

- 300 g Zucchini
- 5 braune Champignons
- 1/2 rote Paprika
- 1⁄2 Chilischote
- 200 g Tomatenstücke
- 1 Knoblauchzehen
- 3 Stängel Basilikum frisch
- 100 g Mozzarella
- 1 TL Olivenöl
- Salz
- Pfeffer

Nährwertangaben pro Portion:

- Kalorien: 229 kcal
- Kohlenhydrate: 11 g
- Fett: 14 g
- Eiweiß: 14 g

Zubereitungszeit: 30 Minuten

Zubereitung:

1. Zucchini waschen, längs halbieren und mit einem Löffel die Kerne herausschaben
2. Champignons putzen und in feine Stücke schneiden
3. Paprika waschen, halbieren, entkernen und in kleine Würfel schneiden
4. Chilischote waschen, halbieren, entkernen und in kleine Stücke hacken
5. Knoblauch schälen und fein hacken
6. Basilikum fein hacken
7. Öl im Topf erhitzen und Champignons, Paprika, Chili & Knoblauch anbraten
8. Tomaten dazugeben und alles verrühren
9. Mit Basilikum, Salz & Pfeffer abschmecken
10. Tomatensauce in die Zucchinihälften geben und mit Mozzarella bestreuen
11. In einer ofenfesten Form im Backofen bei 180°C für 20 Minuten garen

100. Gemüsepfanne mit Ei

Zutaten für 2 Portionen:

- 6 Eier, Größe M
- 1 rote Paprika
- 1 grüne Paprika
- 1 Zwiebel
- 2 Stängel Petersilie
- 12 Cherrytomaten
- 1 EL Olivenöl
- Salz
- Pfeffer

Nährwertangaben pro Portion:

- Kalorien: 370 kcal
- Kohlenhydrate: 13 g
- Fett: 25 g
- Eiweiß: 22 g

Zubereitungszeit: 15 Minuten

Zubereitung:

1. Paprika waschen, halbieren, entkernen und in kleine Würfel schneiden
2. Tomaten waschen und halbieren
3. Petersilie hacken
4. Zwiebel schälen und fein würfeln
5. Öl in der Pfanne erhitzen und Zwiebel anbraten
6. Paprika und Tomaten dazugeben
7. Eier mit Salz & Pfeffer in einer Schüssel verrühren und in die Pfanne geben
8. Mit einem Pfannenwender mehrmals durchrühren, bis das Ei gestockt ist, und die Petersilie dazugeben

101. Mediterraner Schmortopf

Zutaten für 2 Portionen:

- 300 g Aubergine
- 100 g rote Paprika
- 100 g grüne Paprika
- 1 rote Zwiebel
- 1 Chilischote
- 1/2 Bund Basilikum
- 6 Zweige Thymian
- 400 ml Gemüsebrühe
- 2 EL Olivenöl
- 1 EL grüne Oliven, entsteint
- 1 EL Kapern
- 2 TL Tomatenmark
- 1/2 TL Tandoori
- Salz
- Pfeffer

Nährwertangaben pro Portion:

- Kalorien: 168 kcal
- Kohlenhydrate: 12 g
- Fett: 10 g
- Eiweiß: 4 g

Zubereitungszeit: 40 Minuten

Zubereitung:

1. Aubergine waschen, längs halbieren und in Scheiben schneiden
2. Paprika waschen, halbieren, entkernen und in kleine Würfel schneiden
3. Zwiebel schälen und fein würfeln
4. Oliven in Scheiben schneiden
5. Chilischote in Ringe schneiden
6. Öl in einer Pfanne erhitzen und die Zwiebeln anschwitzen, anschließend Aubergine, Paprika & Chili dazugeben und anbraten
7. Tomatenmark dazugeben und verrühren
8. Mit Gemüsebrühe ablöschen, Oliven, Kapern, Thymian, Tandoori, Salz und Pfeffer dazugeben
9. 5 bis 10 Minuten bei mittlerer Hitze köcheln lassen, mit Salz und Pfeffer abschmecken und mit Basilikum garnieren

102. Käse-Pilz-Omelette

Zutaten für 2 Portionen:

- 2 Schalotten
- 160 g Champignons
- 1/2 Bund Petersilie
- 1 EL Öl
- 4 Eier
- 60 g Mozzarella
- Salz
- Pfeffer

Nährwertangaben pro Portion:

- Kalorien: 318 kcal
- Kohlenhydrate: 4 g
- Fett: 24 g
- Eiweiß: 23 g

Zubereitungszeit: 10 Minuten

Zubereitung:

1. Schalotten schälen und fein würfeln
2. Champignons putzen und in Scheiben schneiden
3. Petersilie hacken
4. Eier mit Petersilie, Salz & Pfeffer verrühren
5. Öl in einer Pfanne erhitzen und Zwiebeln und Pilze ca. 3 Minuten scharf anbraten
6. Eier hinzugeben und die Hitze reduzieren
7. Mozzarella über die Eier streuen
8. Wenn das Ei so weit gestockt ist, dass man es komplett bewegen kann, eine Hälfte des Omeletts mit einem Holzspatel umklappen

103. Käse-Pilz-Omelette

Zutaten für 2 Portionen:

- 2 Schalotten
- 160 g Champignons
- 1/2 Bund Petersilie
- 1 EL Öl
- 4 Eier
- 60 g Mozzarella
- Salz
- Pfeffer

Nährwertangaben pro Portion:

- Kalorien: 318 kcal
- Kohlenhydrate: 4 g
- Fett: 24 g
- Eiweiß: 23 g

Zubereitungszeit: 10 Minuten

Zubereitung:

1. Schalotten schälen und fein würfeln
2. Champignons putzen und in Scheiben schneiden
3. Petersilie hacken
4. Eier mit Petersilie, Salz & Pfeffer verrühren
5. Öl in einer Pfanne erhitzen und Zwiebeln und Pilze ca. 3 Minuten scharf anbraten
6. Eier hinzugeben und die Hitze reduzieren
7. Mozzarella über die Eier streuen
8. Wenn das Ei so weit gestockt ist, dass man es komplett bewegen kann, eine Hälfte des Omeletts mit einem Holzspatel umklappen

104. Kichererbsensalat

Zutaten für 2 Portionen:

- 200 g Kichererbsen, Konserve, abgetropft
- 140 g Feta
- 100 g Avocado
- 140 g Gurke
- 2 Stängel Petersilie
- 1 Limette frisch gepresst
- 2 EL Avocado-Öl
- Salz
- Pfeffer

Nährwertangaben pro Portion:

- Kalorien: 507 kcal
- Kohlenhydrate: 20 g
- Fett: 37 g
- Eiweiß: 20 g

Zubereitungszeit: 10 Minuten

Zubereitung:

1. Kichererbsen in einem Sieb abspülen
2. Avocado halbieren, Kern entfernen, Fruchtfleisch mit einem Löffel von der Schale lösen und in Würfel schneiden
3. Avocadowürfel mit Limettensaft marinieren
4. Gurke waschen und in Würfel schneiden
5. Petersilie waschen und hacken
6. Feta in Würfel schneiden
7. Kichererbsen, Avocado, Gurke, Petersilie & Feta in einer Schüssel mischen
8. Mit Avocado-Öl, Salz & Pfeffer abschmecken

105. Blumenkohl-Reis mit Pilzen

Zutaten für 2 Portionen:

- 400 g Blumenkohl
- 1 Knoblauchzehe
- 1/2 Zwiebel
- 500 g Champignons
- 1 EL Olivenöl
- 250 ml Weißwein (trocken)
- 250 ml Gemüsebrühe
- 1 TL Chiliflocken
- 1 TL Thymian (getrocknet)
- Salz
- Pfeffer

Nährwertangaben pro Portion:

- Kalorien: 394 kcal
- Kohlenhydrate: 10 g
- Fett: 23 g
- Eiweiß: 17 g

Zubereitungszeit: 10 Minuten

Zubereitung:

1. Blumenkohl putzen, grob zerteilen & im Mixer zerkleinern, bis die Stücke die Größe eines Reiskorns haben
2. Knoblauch & Zwiebeln schälen und fein würfeln
3. Champignons putzen und vierteln
4. Olivenöl in einer Pfanne erhitzen und Zwiebeln und Knoblauch darin glasig dünsten
5. Champignons in die Pfanne geben und 5 Minuten anbraten
6. Blumenkohl hinzufügen und mit Wein & Brühe ablöschen
7. Chiliflocken und Thymian hinzugeben und unter gelegentlichem Rühren 20 Minuten leise köcheln lassen
8. Mit Salz und Pfeffer abschmecken

106. Mexikanischer Salat

Zutaten für 2 Portionen:

- 200 g Quinoa, gekocht
- 4 EL Olivenöl
- 1 Avocado
- 50 g Mais
- 200 g Kidneybohnen
- 1 rote Zwiebel
- 1 Bund Koriander
- 1 Limette
- 1/2 TL Paprika rosenscharf
- 3 Knoblauchzehen
- Salz
- Pfeffer

Nährwertangaben pro Portion:

- Kalorien: 630 kcal
- Kohlenhydrate: 36 g
- Fett: 45 g
- Eiweiß: 16 g

Zubereitungszeit: 10 Minuten

Zubereitung:

1. Quinoa nach Packungsanleitung kochen und abkühlen lassen
2. Limette mit heißem Wasser waschen und Schale reiben
3. Limette halbieren und pressen
4. Avocado halbieren, Kern entfernen, Fruchtfleisch mit einem Löffel von der Schale lösen und in Würfel schneiden
5. Avocadowürfel mit Limettensaft marinieren
6. Bohnen & Mais in einem Sieb abspülen
7. Knoblauch & Zwiebeln schälen und fein würfeln
8. 1 EL Öl in einer Pfanne erhitzen, Bohnen, Mais, Zwiebel und Knoblauch kurz anbraten und anschließend aus der Pfanne nehmen
9. Koriander waschen und hacken
10. Öl, Paprikapulver und Limettenabrieb vermischen, mit der Avocado, dem Gemüse und dem Quinoa mischen und mit Salz und Pfeffer würzen

107. Zucchini-Pasta mit Feta

Zutaten für 2 Portionen:

- 2 mittelgroße Zucchini
- 1 EL Olivenöl
- 1/2 Knoblauchzehe
- 2 mittelgroße getrocknete Tomaten in Öl
- 1 Spritzer Zitronensaft
- 80 g Feta
- 1 TL Pinienkerne
- Salz
- Pfeffer

Nährwertangaben pro Portion:

- Kalorien: 465 kcal
- Kohlenhydrate: 13 g
- Fett: 37 g
- Eiweiß: 21 g

Zubereitungszeit: 10 Minuten

Zubereitung:

1. Zucchini waschen und mit einem Spiralschneider in dünne Nudeln schneiden
2. Tomaten fein würfeln
3. Olivenöl in einer Pfanne bei mittlerer Hitze erhitzen und Knoblauch kurz anbraten
4. Zucchini hinzugeben & Hitze erhöhen
5. Tomaten hinzugeben und mit Zitrone, Salz & Pfeffer abschmecken
6. Feta zerkrümeln und unter die Nudeln mischen

108. Artischocken-Tofu-Pfanne

Zutaten für 2 Portionen:

- 200 g Paprika
- 60 g Möhre
- 2 Zwiebel
- 300 g Artischockenherzen
- 200 g Räuchertofu
- 2 EL Olivenöl
- 6 EL Wasser
- 4 EL Balsamico
- 2 TL Dill
- Salz
- Pfeffer

Nährwertangaben pro Portion:

- Kalorien: 385 kcal
- Kohlenhydrate: 24 g
- Fett: 18 g
- Eiweiß: 23 g

Zubereitungszeit: 20 Minuten

Zubereitung:

1. Zwiebeln schälen und fein würfeln
2. Tofu in Würfel schneiden
3. Paprika waschen, vierteln, entkernen und in Stücke schneiden
4. Möhre schälen und in Scheiben schneiden
5. Öl in einer Pfanne erhitzen und die Zwiebeln glasig dünsten
6. Paprika & Möhre dazugeben und kurz scharf anbraten
7. 4 EL Wasser hinzugeben und so lange köcheln lassen, bis das Wasser verdampft ist
8. Artischockenherzen mit dem Tofu in die Pfanne geben und kurz anbraten
9. Mit Salz & Pfeffer abschmecken
10. Balsamico & Dill unterrühren und für 5 Minuten kochen lassen

109. Caprese mit Avocado

Zutaten für 2 Portionen:

- 1 Avocado
- 100 g Rucola
- 1/4 Bund Basilikum
- 75 g Kirschtomaten
- 60 g Mini-Mozzarellakugeln
- 1 EL Pesto
- 1 EL Zitronensaft
- 1 EL Olivenöl
- 2 EL Balsamico
- Salz
- Pfeffer

Nährwertangaben pro Portion:

- Kalorien: 361 kcal
- Kohlenhydrate: 6 g
- Fett: 32 g
- Eiweiß: 9 g

Zubereitungszeit: 20 Minuten

Zubereitung:

1. Rucola waschen
2. Tomaten waschen und halbieren
3. Basilikum waschen und fein hacken
4. Zitronensaft, Pesto, Olivenöl & Balsamico zu einem Dressing mischen und mit Salz & Pfeffer abschmecken
5. Avocado halbieren, entkernen und in der Schale in Streifen schneiden, anschließend mit einem Löffel die Avocado-Streifen vorsichtig von der Schale lösen
6. Salat, Avocado-Streifen, Tomaten & Mozzarellakugeln auf einem Teller anrichten und das Dressing drübergeben

110. Blumenkohl-Spargel-Risotto

Zutaten für 2 Portionen:

- 500 g Blumenkohl
- 300 g grüner Spargel
- 80 g Zwiebel
- 40 g Kresse
- 4 EL Olivenöl
- 200 ml Gemüsebrühe
- 100 ml Sahne
- 60 g Parmesan
- Salz
- Pfeffer

Nährwertangaben pro Portion:

- Kalorien: 540 kcal
- Kohlenhydrate: 14 g
- Fett: 42 g
- Eiweiß: 22 g

Zubereitungszeit: 35 Minuten

Zubereitung:

1. Blumenkohl von Stiel und Blättern befreien, in Röschen teilen und gut waschen
2. Abgetropften Blumenkohl in den Mixer geben und vorsichtig zerkleinern, bis die Teile die Größe eines Reiskorns haben
3. Zwiebeln schälen und fein würfeln
4. Olivenöl in einem Topf erhitzen und Zwiebeln glasig andünsten
5. Blumenkohl hinzugeben und kurz anbraten
6. Gemüsebrühe hinzugeben und 10 Minuten köcheln lassen
7. Sahne hinzugeben, verrühren und weitere 5 Minuten köcheln
8. Spargel waschen und in mundgerechte Stücke schneiden
9. Etwas Olivenöl in einer Pfanne erhitzen und Spargel andünsten
10. Parmesan zum Risotto geben und verrühren
11. Risotto mit Salz und Pfeffer würzen und den Spargel hinzugeben
12. Risotto anschließend ca. 2 Minuten ziehen lassen

111. Champignon-Feta-Auflauf

Zutaten für 2 Portionen:

- 300 g Champignons
- 70 g Lauchzwiebel
- 80 g Zwiebel
- 1 Knoblauchzehe
- 100 g Mozzarella
- 150 g Feta
- 2 EL Olivenöl
- Salz
- Pfeffer

Nährwertangaben pro Portion:

- Kalorien: 400 kcal
- Kohlenhydrate: 7 g
- Fett: 30 g
- Eiweiß: 25 g

Zubereitungszeit: 30 Minuten

Zubereitung:

1. Champignons putzen und in Scheiben schneiden
2. Zwiebeln schälen und würfeln
3. Knoblauch schälen und fein hacken
4. Lauchzwiebel in Ringe schneiden
5. In einer Schale mit Olivenöl mischen und mit Salz & Pfeffer würzen
6. In eine ofenfeste Form geben, Mozzarella und Feta darüberstreuen und im Ofen bei 180°C für 30 Minuten backen

112. Curry mit Halloumi

Zutaten für 2 Portionen:

- 200 g Paprika
- 300 g Zucchini
- 70 g Frühlingszwiebeln
- 10 g Koriander
- 160 g Halloumi
- 4 TL grüne Currypaste
- 300 ml Kokosmilch
- 2 EL Sesamöl
- Chiliflocken
- Salz
- Pfeffer

Nährwertangaben pro Portion:

- Kalorien: 751 kcal
- Kohlenhydrate: 16 g
- Fett: 65 g
- Eiweiß: 24 g

Zubereitungszeit: 20 Minuten

Zubereitung:

1. Zucchini & Paprika waschen und würfeln
2. Frühlingszwiebeln & Koriander waschen und hacken
3. Halloumi zwischen 2 Lagen Küchenpapier ausdrücken und in Würfel schneiden
4. In einer Pfanne Sesamöl erhitzen, den Halloumi von jeder Seite golden anbraten und anschließend aus der Pfanne nehmen
5. In der Pfanne Paprika & Zucchini anbraten
6. Kokosmilch dazugeben und kurz aufkochen
7. Currypaste einrühren und 10 Minuten köcheln lassen
8. Mit Chili, Salz & Pfeffer abschmecken
9. Halloumi, Gemüse, Frühlingszwiebel und Koriander in das Curry rühren

113. Sommersalat

Zutaten für 2 Portionen:

- 1 Kopf Radicchio
- 1 Mango
- 2 Möhren
- 1/2 Bund Frühlingszwiebeln
- 1 Paprika
- 1 Knoblauchzehe
- 1/4 Bund Minze
- 1/4 Bund Basilikum
- 1,5 Limetten
- 10 g Ingwer
- 1 TL Sriracha
- 1 TL Honig
- 3 EL Olivenöl
- 25 g Erdnüsse
- Salz
- Pfeffer

Nährwertangaben pro Portion:

- Kalorien: 274 kcal
- Kohlenhydrate: 25 g
- Fett: 17 g
- Eiweiß: 4 g

Zubereitungszeit: 20 Minuten

Zubereitung:

1. Mango, Paprika, Frühlingszwiebeln & Radicchio in feine Streifen schneiden
2. Möhre schälen und anschließend in feine Streifen mit dem Sparschäler schälen
3. Basilikum & Minze hacken und mit Mango, Paprika, Frühlingszwiebeln & Radicchio mischen
4. Limetten auspressen und mit Olivenöl & Honig mischen
5. Ingwer & Knoblauch schälen, fein hacken und zu der Sauce geben, mit Salz & Pfeffer abschmecken, nach Geschmack Sriracha dazugeben
6. Nüsse in einer Pfanne ohne Fett anrösten
7. Salat mit dem Dressing mischen und die Nüsse darüberstreuen

114. Zucchinisalat mit Halloumi

Zutaten für 2 Portionen:

- 500 g Zucchini
- 60 g Zwiebel
- 2 Knoblauchzehen
- 10 g Minze
- 5 EL Olivenöl
- 4 EL Joghurt
- 4 EL Zitronensaft
- 1 TL Honig
- 200 g Halloumi
- Salz
- Pfeffer

Nährwertangaben pro Portion:

- Kalorien: 622 kcal
- Kohlenhydrate: 15 g
- Fett: 50 g
- Eiweiß: 28 g

Zubereitungszeit: 15 Minuten

Zubereitung:

1. Zucchini waschen und grob raspeln
2. Zwiebel schälen und fein würfeln
3. Minze waschen und hacken
4. Zucchini, Zwiebeln & Minze vermischen
5. Joghurt mit 2 EL Zitronensaft und 1 EL Olivenöl vermischen, mit Salz und Pfeffer abschmecken und damit die Zucchini marinieren
6. Knoblauch schälen und pressen
7. 2 EL Olivenöl mit dem restlichen Zitronensaft, Honig & Knoblauch mischen
8. Halloumi damit von allen Seiten marinieren
9. Restliches Olivenöl in einer Pfanne erhitzen und den Halloumi golden braten

115. Käse-Pilz-Suppe

Zutaten für 2 Portionen:

- 200 g Champignons
- 60 g Zwiebeln
- 2 Knoblauchzehen
- 40 g Frühlingszwiebeln
- 500 ml Gemüsebrühe
- 100 ml Weißwein
- 140 ml Sahne
- 160 g Grana Padano
- 4 TL Olivenöl
- Salz
- Pfeffer

Nährwertangaben pro Portion:

- Kalorien: 595 kcal
- Kohlenhydrate: 10 g
- Fett: 43 g
- Eiweiß: 33 g

Zubereitungszeit: 30 Minuten

Zubereitung:

1. Champignons putzen und in Scheiben schneiden
2. Zwiebel & Knoblauch schälen und fein würfeln
3. Frühlingszwiebel waschen und in Ringe schneiden
4. In einem Topf 3 TL Öl erhitzen und Zwiebeln & Knoblauch glasig andünsten
5. Brühe hinzugeben und 5 Minuten leise kochen lassen
6. Käse und Sahne hinzugeben, aufkochen lassen und mit einem Stabmixer pürieren
7. Frühlingszwiebel hinzugeben
8. 1 TL Öl in einer Pfanne erhitzen und die Champignons scharf anbraten und anschließend in die Suppe geben
9. Mit Salz & Pfeffer abschmecken

116. Pfifferlingpfanne

Zutaten für 2 Portionen:

- 500 g Pfifferlinge
- 1 Zwiebel
- 1 Knoblauchzehe
- 1 EL Butter
- 2 Zweige Thymian
- 25 ml Milch
- Rosmarin
- Salz
- Pfeffer

Nährwertangaben pro Portion:

- Kalorien: 230 kcal
- Kohlenhydrate: 5 g
- Fett: 20 g
- Eiweiß: 10 g

Zubereitungszeit: 15 Minuten

Zubereitung:

1. Pfifferlinge in viel Wasser waschen, bis sie sauber sind, und abtropfen lassen
2. Zwiebel & Knoblauch schälen und fein würfeln
3. Butter in einer Pfanne langsam erhitzen und Zwiebel und Knoblauch glasig dünsten
4. Thymian und etwas Rosmarin dazugeben
5. Pilze dazugeben und anbraten
6. Mit Salz & Pfeffer würzen
7. Milch hinzugeben und einkochen lassen

117. Apfel-Fenchel-Salat

Zutaten für 2 Portionen:

- 100 g Wildsalat
- 1 Knolle Fenchel
- 1 Apfel
- 1/2 Hand voll Walnüsse
- 1/4 Zitrone
- 1/2 Limette
- 1/2 TL Senf
- 10 ml Olivenöl
- 10 ml Walnussöl
- Salz
- Pfeffer

Nährwertangaben pro Portion:

- Kalorien: 249 kcal
- Kohlenhydrate: 13 g
- Fett: 19 g
- Eiweiß: 4 g

Zubereitungszeit: 15 Minuten

Zubereitung:

1. Salat waschen und in kleine Stücke zupfen
2. In einer Pfanne ohne Fett die Walnüsse rösten
3. Apfel waschen, entkernen und in kleine Stücke schneiden
4. Fenchel waschen, mit einer Reibe in Scheiben schneiden und dann in Stücke schneiden
5. Saft der Zitrone & Limette mit Senf, Salz & Pfeffer mischen und die Öle langsam hinzugießen
6. Apfel & Fenchel mit dem Dressing marinieren und die Walnüsse drüberstreuen

118. Blumenkohl-Curry

Zutaten für 2 Portionen:

- 400 g Blumenkohl
- 60 ml Olivenöl
- 80 g Gouda
- Curry
- Kurkuma
- Salz
- Pfeffer

Nährwertangaben pro Portion:

- Kalorien: 490 kcal
- Kohlenhydrate: 8 g
- Fett: 40 g
- Eiweiß: 19 g

Zubereitungszeit: 25 Minuten

Zubereitung:

1. Blumenkohlröschen abschneiden und in eine Plastiktüte legen
2. Öl mit den Gewürzen mischen und in die Tüte geben
3. Tüte schließen und das Gewürzöl gut auf dem Blumenkohl verteilen
4. Den Blumenkohl auf ein Backblech mit Backpapier legen und mit Käse bestreuen
5. Im Backofen bei 180°C für 20 Minuten backen

119. Radicchio-Trauben-Salat

Zutaten für 2 Portionen:

- 1 Radicchio
- 1/2 Bund Petersilie
- 100 g Weintrauben
- 75 g Kirschtomaten
- 1 TL Senf
- 1 TL Xucker
- 3 EL Traubenkernöl
- 3 EL Walnussöl
- Salz
- Pfeffer

Nährwertangaben pro Portion:

- Kalorien: 350 kcal
- Kohlenhydrate: 10 g
- Fett: 30 g
- Eiweiß: 2 g

Zubereitungszeit: 10 Minuten

Zubereitung:

1. Radicchio zerrupfen und waschen
2. Petersilie waschen und klein schneiden
3. Trauben waschen und halbieren
4. Senf, Traubenkernöl & Xucker vermischen und das Walnussöl langsam einrühren, mit Salz & Pfeffer abschmecken
5. Tomaten waschen und halbieren
6. Alle Zutaten mit dem Dressing mischen

120. Broccoli-Rösti

Zutaten für 2 Portionen:

- 200 g Broccoli
- 4 Eier
- 200 g Ricotta
- 40 g Parmesan
- 1 TL Johannisbrotkernmehl
- 2 EL Rapsöl
- 4 TL Sour Cream
- Salz
- Pfeffer

Nährwertangaben pro Portion:

- Kalorien: 490 kcal
- Kohlenhydrate: 9 g
- Fett: 34 g
- Eiweiß: 34 g

Zubereitungszeit: 15 Minuten

Zubereitung:

1. Broccoli in Röschen schneiden und in Salzwasser 5 Minuten kochen
2. Broccoli in kleine Stücke hacken
3. Eier trennen, Eiweiß steif schlagen
4. Eigelb mit Ricotta, Johannisbrotkernmehl & Parmesan verrühren, mit Salz & Pfeffer würzen
5. Eischnee unterheben und Broccoli einrühren
6. In einer Pfanne Öl erhitzen und den Teig in 4 Portionen von jeder Seite 3 Minuten braten
7. Röstis mit Sour Cream servieren

121. Gemüse-Pasta mit Avocado

Zutaten für 6 Portionen:

- 2 Zucchini
- 2 Möhren
- 1 Avocado
- 10 ml Sojasauce
- 10 ml Olivenöl
- 75 g Parmesan
- Pfeffer

Nährwertangaben pro Portion:

- Kalorien: 428 kcal
- Kohlenhydrate: 19 g
- Fett: 26 g
- Eiweiß: 20 g

Zubereitungszeit: 10 Minuten

Zubereitung:

1. Zucchini waschen und mit einem Spiralschneider zu Pasta schneiden
2. Möhren schälen und mit einem Spiralschneider zu Pasta schneiden
3. Avocado halbieren, Kern entfernen und Fruchtfleisch mit einem Löffel von der Schale lösen
4. Fruchtfleisch in Würfel schneiden
5. Gemüsenudeln und Avocado mit der Sojasauce mischen
6. Olivenöl in einer Pfanne erhitzen und die Gemüsenudeln und Avocado unter Rühren erhitzen
7. Parmesan in die Pfanne geben und durchrühren
8. Mit Pfeffer abschmecken

122. Quinoa-Gemüse-Pfanne

Zutaten für 2 Portionen:

- 100 g gekochter Quinoa
- 200 g Kirschtomaten
- 250 g grüner Spargel
- 1 Möhre
- 2 EL Olivenöl
- Salz
- Pfeffer

Nährwertangaben pro Portion:

- Kalorien: 189 kcal
- Kohlenhydrate: 13 g
- Fett: 13 g
- Eiweiß: 5 g

Zubereitungszeit: 10 Minuten

Zubereitung:

1. Tomaten waschen und halbieren
2. Spargel waschen und in Stücke schneiden
3. Möhre schälen und fein würfeln
4. In einer Pfanne Öl erhitzen, das Gemüse scharf anbraten und mit Salz & Pfeffer würzen
5. Wenn sich die Tomaten auflösen, den Quinoa dazugeben und gut vermischen

123. Omelette mit Pfifferlingen

Zutaten für 2 Portionen:

- 6 Eier
- 200 ml Sahne
- 1 rote Zwiebel
- 300 g Pfifferlinge
- 1 TL Butter
- 30 g Parmesan
- Salz
- Pfeffer

Nährwertangaben pro Portion:

- Kalorien: 683 kcal
- Kohlenhydrate: 13 g
- Fett: 47 g
- Eiweiß: 43 g

Zubereitungszeit: 10 Minuten

Zubereitung:

1. Pfifferlinge waschen, bis sie sauber sind
2. Zwiebel schälen und fein würfeln
3. Eier und Sahne mischen und mit Salz & Pfeffer würzen
4. In einer Pfanne die Butter erhitzen und die Zwiebel glasig andünsten
5. Pfifferlinge hinzugeben und scharf anbraten
6. Eier in die Pfanne geben und bei niedriger Hitze stocken lassen
7. Parmesan auf das Omelette geben und schmelzen lassen

124. Quinoa-Salat

Zutaten für 6 Portionen:

- 200 g gekochter Quinoa
- 200 g Kirschtomaten
- 2 TL Xucker
- 8 EL Olivenöl
- 1 gelbe Paprika
- 1 Chilischote
- 1 TL Dijon-Senf
- 1 EL Mandelmus
- 2 EL Weißweinessig
- 1 Hand voll Cranberries
- Salz
- Pfeffer

Nährwertangaben pro Portion:

- Kalorien: 342 kcal
- Kohlenhydrate: 25 g
- Fett: 24 g
- Eiweiß: 6 g

Zubereitungszeit: 35 Minuten

Zubereitung:

1. Tomaten waschen, halbieren, in eine ofenfeste Form geben, mit 4 EL Olivenöl beträufeln, salzen und anschließend für 30 Minuten im Backofen bei 180°C backen
2. Knoblauch schälen, pressen, mit dem Xucker vermengen und 10 Minuten vor Ende der Backzeit auf die Tomaten geben
3. Paprika & Chili waschen, entkernen und fein würfeln
4. Paprika, Chili, Mandelmus, Senf, Cranberries, Essig & das restliche Öl vermischen und mit Salz & Pfeffer abschmecken
5. Das Dressing mit dem Quinoa vermengen und die Tomaten darauf verteilen

125. Blumenkohl-Käse-Suppe

Zutaten für 2 Portionen:

- 500 g Blumenkohl
- 60 g Zwiebeln
- 2 EL Rapsöl
- 800 ml Gemüsebrühe
- 200 ml Milch
- 160 g Gouda
- Salz
- Pfeffer
- Muskat

Nährwertangaben pro Portion:

- Kalorien: 490 kcal
- Kohlenhydrate: 13 g
- Fett: 33 g
- Eiweiß: 30 g

Zubereitungszeit: 25 Minuten

Zubereitung:

1. Blumenkohl putzen und in kleine Röschen schneiden
2. Zwiebel schälen und fein würfeln
3. In einem Topf das Öl erhitzen und die Zwiebel anbraten
4. Blumenkohl hinzufügen und kurz anbraten
5. Gemüsebrühe hinzugeben und 15 Minuten kochen lassen
6. Milch dazugeben, mit Salz, Pfeffer & Muskat würzen und die Suppe pürieren
7. Käse dazugeben und unter ständigem Rühren schmelzen lassen

126. Sellerie-Fenchel-Salat

Zutaten für 2 Portionen:

- 300 g Knollensellerie
- 200 g Fenchel
- 1 Stange Staudensellerie
- 1 Stange Frühlingszwiebel
- 4 EL Olivenöl
- 1 EL Zitronensaft
- 1 TL Honig
- Salz
- Pfeffer

Nährwertangaben pro Portion:

- Kalorien: 281 kcal
- Kohlenhydrate: 18 g
- Fett: 19 g
- Eiweiß: 5 g

Zubereitungszeit: 15 Minuten (+ 30 Minuten Ziehzeit)

Zubereitung:

1. Staudensellerie waschen und in feine Scheiben schneiden
2. Frühlingszwiebel waschen und in feine Ringe schneiden
3. Fenchel in dünne Streifen schneiden
4. Knollensellerie schälen und raspeln
5. Staudensellerie, Knollensellerie, Frühlingszwiebel & Fenchel vermengen
6. Zitronensaft, Olivenöl & Honig verrühren und mit Salz & Pfeffer abschmecken
7. Salat mit dem Dressing mischen und 30 Minuten ziehen lassen

127. Spinatsuppe

Zutaten für 2 Portionen:

- 600 g Blattspinat
- 60 g Zwiebel
- 2 Knoblauchzehen
- 40 g Frühlingszwiebeln
- 400 ml Gemüsebrühe
- 100 ml Sahne
- 60 g Feta
- 2 TL Olivenöl
- Salz
- Pfeffer

Nährwertangaben pro Portion:

- Kalorien: 449 kcal
- Kohlenhydrate: 11 g
- Fett: 30 g
- Eiweiß: 19 g

Zubereitungszeit: 15 Minuten

Zubereitung:

1. Zwiebel und Knoblauch schälen und fein würfeln
2. Olivenöl in einem Topf erhitzen und Zwiebel & Knoblauch anbraten
3. Gemüsebrühe hinzugeben und aufkochen lassen
4. Spinat hinzugeben und 10 Minuten leicht köcheln lassen
5. Spinat pürieren, Sahne hinzugeben und aufkochen lassen
6. Mit Salz & Pfeffer würzen
7. Frühlingszwiebel waschen und in dünne Ringe schneiden
8. Feta zerbröseln
9. Frühlingszwiebel & Feta beim Anrichten über die Suppe streuen

128. Kohlrouladen mit Kürbisfüllung

Zutaten für 2 Portionen:

- 380 g Spitzkohl
- 30 g Belugalinsen
- 2 Möhren
- 2 Schalotten
- 120 g Hokkaido-Kürbis
- 2 EL Kokosöl
- 30 g Manchego
- Curry
- Salz
- Pfeffer

Nährwertangaben pro Portion:

- Kalorien: 312 kcal
- Kohlenhydrate: 26 g
- Fett: 15 g
- Eiweiß: 16 g

Zubereitungszeit: 15 Minuten

Zubereitung:

1. In einem Topf die Linsen in leicht gesalzenem Wasser 5 Minuten köcheln lassen
2. Spitzkohl halbieren und 8 große Blätter in einem großen Topf 4 Minuten blanchieren
3. Schalotten schälen und fein würfeln
4. Möhren schälen und fein würfeln
5. Hokkaido schälen, entkernen und würfeln
6. Den restlichen Kohl in feine Streifen schneiden
7. Kokosöl in einer Pfanne erhitzen, das Gemüse (bis auf die Spitzkohlblätter) anschwitzen und mit Salz, Pfeffer & Curry würzen
8. Belugalinsen in die Pfanne geben, 5 Minuten köcheln lassen und anschließend abkühlen lassen
9. Spitzkohl ausbreiten und mit der Gemüsemasse befüllen
10. Den Spitzkohl einrollen und mit Küchengarn fest binden
11. Die Rouladen in eine ofenfeste Form geben und mit geriebenem Manchego bestreuen
12. Im Backofen 5 Minuten gratinieren

Kuchen, Desserts & Snacks

129. Nuss-Muffins

Zutaten für 12 Portionen:

- 500 g Quark, Magerstufe
- 50 g Haselnussmus
- 4 Eier, Größe M
- 30 g Kokosmehl
- 75 g Eiweißpulver
- 75 g Xucker Light (Erythrit)
- 2 TL Backpulver
- 125 g Haferkleieflocken
- 100 g Xucker Puderxucker (Erythrit)

Nährwertangaben pro Portion:

- Kalorien: 122 kcal
- Kohlenhydrate: 10 g
- Fett: 6 g
- Eiweiß: 15 g

Zubereitungszeit: 40 Minuten

Zubereitung:

1. Kokosmehl, Eiweißpulver, Xucker Light, Backpulver & Haferkleieflocken in einer großen Schüssel mischen
2. Quark, Haselnussmus & Eier dazugeben und mit einem Handrührgerät zu einem cremigen Teig schlagen
3. Muffinform mit Papierförmchen auslegen und den Teig gleichmäßig aufteilen
4. Im Ofen für 30 Minuten backen und nach ca. 20 Minuten mit einem Holzstäbchen prüfen, ob noch Teig kleben bleibt

130. Apfelkuchen

Zutaten für 12 Portionen:

- 350 g weiche Butter
- 225 g Xylit
- 125 g Xucker
- 1 Vanilleschote
- 6 Eier
- 70 g Mandelmehl
- 180 g Weizenmehl
- 2 TL Backpulver
- 600 g säuerliche Äpfel
- 100 g gehobelte Mandeln
- 100 g Butter

Nährwertangaben pro Portion:

- Kalorien: 355 kcal
- Kohlenhydrate: 30 g
- Fett: 26 g
- Eiweiß: 6 g

Zubereitungszeit: 50 Minuten

Zubereitung:

1. Äpfel schälen, entkernen und in dünne Scheiben schneiden
2. 250 g Butter mit 125 g Xylit und Vanillemark schaumig rühren
3. Eier nach und nach dazugeben und unterrühren
4. Mandelmehl & Weizenmehl mit Backpulver mischen und unterrühren
5. Apfelscheiben vorsichtig unterheben
6. Backblech mit Backpapier auslegen, den Teig gleichmäßig verteilen und im Backofen bei 180°C für 30 Minuten backen
7. In einem Topf 100 g Butter, 100 g Xylit & Mandeln erwärmen, bis die Butter flüssig ist
8. Kuchen aus dem Ofen nehmen und die Buttermischung vorsichtig & gleichmäßig auf dem Teig verteilen
9. Kuchen nochmals bei 180°C für 15 bis 20 Minuten backen

131. Himbeer-Muffins

Zutaten für 6 Portionen:

- 70 g Mandelmehl
- 1 Tasse Himbeeren (frisch oder tiefgekühlt)
- 3 Eier, Größe M
- 1 Vanilleschote
- 60 g Butter
- 1⁄2 TL Stevia
- 1 TL Backpulver
- 1 Prise Salz

Nährwertangaben pro Portion:

- Kalorien: 172 kcal
- Kohlenhydrate: 1 g
- Fett: 13 g
- Eiweiß: 8 g

Zubereitungszeit: 40 Minuten

Zubereitung:

1. Butter in einem Topf bei leichter Hitze schmelzen
2. Ein Ei trennen und das Eiweiß mit einer Prise Salz zu Eischnee schlagen
3. Die restlichen Eier und das Eigelb in einer Schüssel verrühren
4. Die flüssige Butter langsam mit den Eiern verrühren
5. Vanilleschote auskratzen und unter die Butter-Ei-Mischung rühren
6. Mandelmehl, Stevia & 1 Prise Salz dazugeben und zu einem Teig verrühren
7. Eischnee vorsichtig unter den Teig heben
8. Himbeeren vorsichtig unter den Teig heben
9. Muffinform mit Papierförmchen auslegen und den Teig gleichmäßig aufteilen
10. Muffins bei 180°C für 15 bis 20 Minuten backen

132. Mandel-Cashew-Kekse

Zutaten für 12 Portionen:

- 20 g Mandeln
- 20 g Cashewkerne
- 2 Datteln
- 1 Eigelb
- 75 g Mandeln gemahlen
- 30 g Butter
- 1 TL Honig

Nährwertangaben pro Portion:

- Kalorien: 84 kcal
- Kohlenhydrate: 2 g
- Fett: 7 g
- Eiweiß: 2 g

Zubereitungszeit: 20 Minuten

Zubereitung:

1. Butter in einem Topf bei leichter Hitze schmelzen
2. Mandeln, Cashews und Datteln fein hacken
3. Alle Zutaten vermischen zu einem Teig
4. Backblech mit Backpapier auslegen
5. 12 kleine Kugeln formen, zu kreisrunden Keksen drücken und auf dem Backblech platzieren
6. Kekse bei 180°C für 10 Minuten backen

133. Brownies

Zutaten für 9 Portionen:

- 150 g Schokolade, Edelbitter, min. 85 % Kakaoanteil
- 220 g Butter
- 150 g Mandelmehl, teilentölt
- 4 Eier, Größe M
- 200 g Xucker Basic
- 10 g Xucker Puderxucker
- 20 g Mandeln
- 30 g Walnusskerne
- 15 g Backpulver
- 1 Prise Salz

Nährwertangaben pro Portion:

- Kalorien: 462 kcal
- Kohlenhydrate: 6 g
- Fett: 36 g
- Eiweiß: 14 g

Zubereitungszeit: 45 Minuten

Zubereitung:

1. Walnüsse und Mandeln grob hacken
2. Schokolade in Stücke brechen, Butter würfeln, zusammen im Wasserbad schmelzen und etwas abkühlen lassen
3. Eier verquirlen, Xucker & Salz dazugeben und schaumig schlagen
4. Mehl, Backpulver & die Schoko-Masse zu den Eiern geben und verrühren
5. Nüsse in den Teig geben und in eine gefettete Backform füllen
6. Im Backofen bei 180°C für 15 bis 20 Minuten backen
7. Nach ca. 10 Minuten mit einem Holzstäbchen prüfen, ob noch Teig kleben bleibt
8. Wenn die Brownies abgekühlt sind, mit Puderxucker bestreuen

134. Muffins mit Schokobrocken

Zutaten für 12 Portionen:

- 200 g Mandelmehl, teilentölt
- 75 g Butter
- 4 Eier
- 1 Bourbon Vanilleschote
- 1 TL Backpulver
- 1 Prise Salz
- 40 – 50 g Xucker
- 40 g dunkle Schokolade, 85%

Nährwertangaben pro Portion:

- Kalorien: 196 kcal
- Kohlenhydrate: 2 g
- Fett: 17 g
- Eiweiß: 6 g

Zubereitungszeit: 30 Minuten

Zubereitung:

1. Butter in einem Topf bei niedriger Hitze schmelzen
2. Schokolade in kleine Würfel hacken
3. Eier trennen
4. Eiweiß mit Xucker schaumig schlagen
5. Eigelb und Butter verrühren
6. Vanilleschote längs aufschneiden & das Mark mit dem Messerrücken herauskratzen
7. Mehl, Backpulver & Vanillemark zu der Buttermischung geben und vermischen
8. Eischnee und Schokolade unter den Teig heben
9. Muffinform mit Papierförmchen auslegen und den Teig gleichmäßig aufteilen
10. Im Backofen bei 160°C für 15 bis 20 Minuten backen
11. Nach ca. 15 Minuten mit einem Holzstäbchen prüfen, ob noch Teig kleben bleibt

135. Apfel-Zimt-Muffins

Zutaten für 12 Portionen:

- 8 Eier Größe M
- 3 Äpfel
- 30 g Apfelmus, Konserve, ungesüßt
- 3 EL Honig
- 30 ml Kokosmilch
- 30 g Kokosmehl
- 2 EL Kokosöl
- 1 Packung Backpulver
- 4 TL Zimt, gemahlen
- 1 Prise Salz

Nährwertangaben pro Portion:

- Kalorien: 129 kcal
- Kohlenhydrate: 13 g
- Fett: 6 g
- Eiweiß: 5 g

Zubereitungszeit: 60 Minuten

Zubereitung:

1. Äpfel schälen, vierteln, entkernen und in kleine Stücke schneiden
2. 2/3 der Äpfel mit etwas Wasser in einer Pfanne für ca. 5 Minuten unter Rühren anbraten, bis sie eine breiähnliche Konsistenz haben
3. Eier, Apfelmus, Honig, Kokosmilch & Öl verrühren
4. Mehl, Zimt & Backpulver mit einer Prise Salz mischen, zu der Teigmasse geben und zu einem cremigen Teig verrühren
5. Die warmen Äpfel unter den Teig heben
6. Muffinform mit Papierförmchen auslegen und den Teig gleichmäßig aufteilen
7. Die restlichen Apfelstücke auf die Muffins geben und leicht in den Teig drücken
8. Im Backofen bei 180°C für 30 bis 40 Minuten backen
9. Nach ca. 30 Minuten mit einem Holzstäbchen prüfen, ob noch Teig kleben bleibt

136. Nussriegel

Zutaten für 8 Portionen:

- 75 g Mandeln, gehackt
- 75 g Haselnüsse, gehackt
- 125 g Pekannüsse, gehackt
- 40 g Goji-Beeren, halbiert
- 75 g Erythrit
- 50 g Yaconsirup

Nährwertangaben pro Portion:

- Kalorien: 265 kcal
- Kohlenhydrate: 7 g
- Fett: 23 g
- Eiweiß: 6 g

Zubereitungszeit: 60 Minuten

Zubereitung:

1. Mandeln, Haselnüsse & Pekannüsse in einer Pfanne ohne Fett goldbraun rösten
2. Erythrit hinzugeben und schmelzen lassen
3. Pfanne vom Herd nehmen und Goji-Beeren & Yaconsirup unter die Nüsse mischen
4. Eine eckige Form mit Backpapier auslegen
5. Nussmischung gleichmäßig in der Form verteilen und glatt streichen
6. Abkühlen lassen und in 8 gleich große Riegel schneiden

137. Kirschkuchen

Zutaten für 6 Portionen:

- 250 g Kirschen
- 4 Eier
- 3 EL Xucker Light
- 30 ml Kokosmilch
- 25 g Butter
- 1 Vanilleschote
- 1 TL Flohsamenschalenpulver
- 40 g Kokosmehl
- 1 TL Backpulver
- Kokosöl
- Puderxucker

Nährwertangaben pro Portion:

- Kalorien: 138 kcal
- Kohlenhydrate: 7 g
- Fett: 9 g
- Eiweiß: 6 g

Zubereitungszeit: 35 Minuten

Zubereitung:

1. Kirschen waschen und entkernen
2. Vanilleschote längs halbieren und mit dem Messerrücken das Vanillemark herauskratzen
3. Eier, Kokosmilch & Butter mischen und das Vanillemark dazugeben
4. Xucker, Flohsamenschalenpulver, Kokosmehl & Backpulver mischen, zu der flüssigen Masse geben und zu einer gleichmäßigen Masse mischen
5. Backform mit Kokosöl einfetten und den Teig hineingeben
6. Kirschen vorsichtig in den Teig drücken
7. Im Backofen bei 180°C für 25 Minuten backen

138. Haselnusskuchen

Zutaten für 9 Portionen:

- 80 g Mandelmehl
- 60 g Kokosmehl
- 1/2 Päckchen Backpulver
- 1/2 Vanilleschote
- 150 ml Sahne
- 100 ml Buttermilch
- 140 g Xucker Light
- 2 Eier
- 6 Eiweiß
- 200 g gemahlene Haselnüsse
- 20 g Puderxucker

Nährwertangaben pro Portion:

- Kalorien: 250 kcal
- Kohlenhydrate: 5 g
- Fett: 21 g
- Eiweiß: 9 g

Zubereitungszeit: 45 Minuten

Zubereitung:

1. Eier mit 70 g Xucker schaumig rühren
2. Mandelmehl, Kokosmehl, Sahne, Buttermilch, Backpulver & Mark der Vanilleschote hinzugeben und gut verrühren
3. 24-cm-Springform mit Backpapier auslegen und den Teig hineingeben
4. Eiweiß mit einer Prise Salz steif schlagen und den restlichen Xucker einrühren
5. Haselnüsse unterheben und die Masse auf dem Teig verstreichen
6. Im Backofen bei 180°C für 30 bis 35 Minuten backen
7. Nachdem der Kuchen kühl ist, mit Puderxucker bestreuen

139. Heidelbeer-Auflauf

Zutaten für 3 Portionen:

- 2 Eier
- 500 g Quark (20% Fett)
- 200 ml Milch
- 1 Packung Puddingpulver
- 100 g Heidelbeeren
- 3 EL Xucker
- Abrieb von 1/2 Zitrone

Nährwertangaben pro Portion:

- Kalorien: 290 kcal
- Kohlenhydrate: 13 g
- Fett: 13 g
- Eiweiß: 28 g

Zubereitungszeit: 65 Minuten

Zubereitung:

1. Eier mit Xucker schaumig rühren
2. Quark, Milch & Puddingpulver hinzugeben und miteinander verrühren
3. Zitronenabrieb & Heidelbeeren unterheben
4. Teig in eine ofenfeste Form geben und im Backofen bei 180°C für 60 Minuten backen

140. Himbeer-Cheesecake

Zutaten für 4 Portionen:

- 30 g Kokosmehl
- 60 g Kokosraspel
- 120 g Butter
- 120 g Xucker
- 1 TL Backpulver
- 225 Frischkäse
- 1 Vanilleschote
- 1 Ei
- 100 g Himbeeren

Nährwertangaben pro Portion:

- Kalorien: 233 kcal
- Kohlenhydrate: 5 g
- Fett: 17 g
- Eiweiß: 10 g

Zubereitungszeit: 35 Minuten

Zubereitung:

1. Kokosmehl, Butter, 60 g Xucker, Kokosraspel & Backpulver zu einem bröckeligen Teig verrühren
2. 3/4 von dem Teig in eine flache, ofenfeste Form geben
3. Frischkäse mit dem restlichen Xucker, Ei & Vanillemark verrühren und die Himbeeren vorsichtig unterheben
4. Die Füllung auf den Teig geben und glatt streichen
5. Den restlichen Teig über der Himbeercreme bröseln
6. Im Backofen bei 180°C für 20 Minuten backen

141. Apfel-Käse-Kuchen

Zutaten für 10 Portionen:

- 250 g Magerquark
- 200 g Frischkäse
- 80 g gemahlene Mandeln
- 2 Eier
- 2 Eiweiß
- 1 TL Backpulver
- 2 EL Xucker light
- 30 g Vanille Proteinpulver
- 1 Apfel

Nährwertangaben pro Portion:

- Kalorien: 115 kcal
- Kohlenhydrate: 4 g
- Fett: 6 g
- Eiweiß: 12 g

Zubereitungszeit: 30 Minuten

Zubereitung:

1. Springform mit Backpapier auslegen
2. Alle Zutaten bis auf den Apfel vermischen und in die Springform geben
3. Apfel waschen, vierteln, entkernen und in feine Stücke schneiden
4. Apfelstücke auf dem Kuchen verteilen
5. Im Backofen bei 180°C für 25 Minuten backen

142. Schokoquark

Zutaten für 6 Portionen:

- 250 g Magerquark
- 30 g Schokoladen-Proteinpulver
- 200 ml Wasser

Nährwertangaben pro Portion:

- Kalorien: 306 kcal
- Kohlenhydrate: 14 g
- Fett: 2 g
- Eiweiß: 57 g

Zubereitungszeit: 5 Minuten

Zubereitung:

1. Wasser und Proteinpulver in einem Mixer gut verrühren
2. Magerquark hinzugeben und so lange mischen, bis eine flüssige Creme entsteht

143. Vanillekipferl

Zutaten für 25 Portionen:

- 100 g Mandelmehl
- 80 g Butter
- 2 Eigelb
- 50 g gemahlene Mandeln
- 50 g Xucker
- 1 EL Puderxucker
- 1/2 TL Backpulver
- 1/2 Vanilleschote

Nährwertangaben pro Portion:

- Kalorien: 75 kcal
- Kohlenhydrate: 3 g
- Fett: 5 g
- Eiweiß: 3 g

Zubereitungszeit: 20 Minuten (+ 30 Minuten Ziehzeit)

Zubereitung:

1. Eigelb mit Xucker verrühren
2. Mandelmehl, gemahlene Mandeln, Backpulver, Butter und Mark der Vanilleschote mischen und zum Eigelb hinzugeben
3. Alles miteinander zu einem Teig verkneten und in Frischhaltefolie verpacken
4. Im Kühlschrank eine halbe Stunde gehen lassen
5. Den Teig in gleichmäßige Stücke schneiden und zu Schlangen rollen
6. In 4 cm lange Stücke schneiden und in Kipferlform rollen
7. Im Backofen bei 180°C ca. 10 Minuten backen

144. Mandel-Blaubeer-Muffins

Zutaten für 12 Portionen:

- 100 g Mandelmehl
- 50 g Kokosmehl
- 6 Eier
- 50 g Frischkäse
- 4 EL Xucker
- 1 TL Backpulver
- 100 g Blaubeeren
- 1 TL Zitronenabrieb

Nährwertangaben pro Portion:

- Kalorien: 96 kcal
- Kohlenhydrate: 5 g
- Fett: 5 g
- Eiweiß: 9 g

Zubereitungszeit: 20 Minuten (+ 20 Minuten Backzeit)

Zubereitung:

1. Eigelb mit Xucker schaumig rühren
2. Frischkäse unterrühren und Zitronenabrieb hinzugeben
3. Mandelmehl, Kokosmehl & Backpulver dazugeben und miteinander verrühren
4. Blaubeeren unterheben
5. Muffinform mit Papierförmchen auslegen und den Teig gleichmäßig auf 12 Portionen verteilen
6. Im Backofen bei 180°C ca. 20 Minuten backen

145. Schokokuchen

Zutaten für 10 Portionen:

- 250 g Speisequark
- 175 g Frischkäse
- 175 g Mascarpone
- 2 Eier
- 4 EL Xucker
- 1 Vanilleschote
- 1 Messerspitze Vanillezucker
- 20 g Vanillepuddingpulver
- 2 EL Kakao
- 3 EL Milch
- 1 EL Xucker-Schoko-Drops

Nährwertangaben pro Portion:

- Kalorien: 145 kcal
- Kohlenhydrate: 4 g
- Fett: 12 g
- Eiweiß: 7 g

Zubereitungszeit: 10 Minuten (+ 30 Minuten Backzeit)

Zubereitung:

1. Springform (26 cm Durchmesser) einfetten und den Boden mit Backpapier auslegen
2. Alles außer Schoko-Drops, Kakao und Milch vermischen, bis ein gleichmäßiger Teig entsteht
3. 5 EL des Teiges abnehmen und den Rest in die Springform geben
4. Den restlichen Teig mit dem Kakao und der Milch verrühren
5. Den Schokoladenteig in Tupfen auf den hellen Teig verteilen und mit einer Gabel leicht vermischen
6. Im Backofen bei 180°C ca. 30 Minuten backen
7. Abschließend Schokodrops auf den Kuchen geben

146. Schokokekse

Zutaten für 10 Portionen:

- 75 g Kakao
- 75 g Halbfettmargarine
- 320 g Xucker Light
- 5 Eier
- 125 g Mandelmehl
- 25 g Kokosmehl
- 30 g Schoko-Proteinpulver
- 3 TL Backpulver

Nährwertangaben pro Portion:

- Kalorien: 134 kcal
- Kohlenhydrate: 2 g
- Fett: 8 g
- Eiweiß: 11 g

Zubereitungszeit: 10 Minuten (+ 30 Minuten Backzeit)

Zubereitung:

1. Kakao mit 2 EL heißem Wasser zu einer dicken Paste verrühren
2. Butter und Xucker verrühren und nach und nach die Eier einrühren
3. Mehle & Backpulver mischen, zu der Butter-Ei-Mischung geben und anschließend mit der Kakaopaste verrühren
4. Mit einem Löffel kleine Häufchen auf ein Backblech setzen
5. Im Backofen bei 175°C ca. 10 bis 15 Minuten backen

147. Himbeer-Rolle

Zutaten für 2 Portionen:

- 250 g Himbeeren
- 300 g Magerquark
- 4 Eier
- 4 EL Xucker
- 2 TL Kokosmehl
- 50 ml Milch

Nährwertangaben pro Portion:

- Kalorien: 412 kcal
- Kohlenhydrate: 15 g
- Fett: 11 g
- Eiweiß: 33 g

Zubereitungszeit: 40 Minuten

Zubereitung:

1. Eier trennen und Eigelb mit Xucker schaumig schlagen
2. Eiweiß steif schlagen und unter das Eigelb heben
3. Die Masse auf ein mit Backpapier ausgelegtes Backblech geben und gleichmäßig verteilen
4. Im Backofen bei 175°C ca. 8 bis 10 Minuten backen
5. 200 g Himbeeren in einem Topf erhitzen, Milch & Quark hinzugeben und gut verrühren
6. Den Teig vom Backpapier lösen
7. Frischhaltefolie ausrollen und den Teig darauf legen
8. Teig gleichmäßig mit der Himbeermasse bestreichen
9. Die restlichen Himbeeren auf der Masse verteilen und eindrücken
10. Den Teig einrollen und mindestens 20 Minuten im Kühlschrank kalt stellen

148. Apfelstreuselkuchen

Zutaten für 9 Portionen:

- 3 Äpfel
- 140 g Mandelmehl
- 1 TL Guarkernmehl
- 6 Eier
- 5 EL heißt Wasser
- 150 g Xucker Light
- 1 Vanilleschote
- 3 g Backpulver
- 20 g Butter
- 1 TL Zimt

Nährwertangaben pro Portion:

- Kalorien: 145 kcal
- Kohlenhydrate: 7 g
- Fett: 7 g
- Eiweiß: 13 g

Zubereitungszeit: 65 Minuten

Zubereitung:

1. Eier trennen und Eigelb mit 130 g Xucker schaumig schlagen
2. Eiweiß steif schlagen
3. Guarkernmehl, Backpulver, Wasser & 90 g Mandelmehl zum Eigelb hinzugeben
4. Mark der Vanilleschote in den Teig geben und gut verrühren
5. Eischnee unter den Teig heben und alles in eine Kuchenform geben
6. Äpfel waschen, entkernen und in Scheiben schneiden
7. Apfelscheiben gleichmäßig auf dem Kuchen verteilen und mit 1/2 TL Zimt bestreuen
8. Im Backofen bei 180°C 15 Minuten backen
9. 20 g weiche Butter, 20 g Xucker, 50 g Mandelmehl & 1/2 TL Zimt miteinander verkneten, daraus Streusel rollen und auf dem Kuchen verteilen
10. Anschließend nochmals für 20 Minuten backen

149. Nutella-Tassenkuchen

Zutaten für 2 Portionen:

- 2 Eier
- 4 EL Mandelmehl
- 2 TL Backpulver
- 2 EL Rapsöl
- 4 TL Nutella
- 2 EL Kakaopulver
- 4 EL Milch

Nährwertangaben pro Portion:

- Kalorien: 258 kcal
- Kohlenhydrate: 17 g
- Fett: 12 g
- Eiweiß: 18 g

Zubereitungszeit: 6 Minuten

Zubereitung:

1. Alle Zutaten mit einem Mixer vermischen
2. 2 Tassen mit Öl einpinseln
3. Den Teig auf die Tassen aufteilen
4. In der Mikrowelle ca. 2 bis 3 Minuten backen

150. Zimtsterne

Zutaten für 25 Portionen:

- 100 g gemahlene Mandeln
- 100 g gemahlene Haselnüsse
- 2 TL Zimt
- 2 Eiweiß
- 120 g Xucker
- 1/2 TL Zitronensaft

Nährwertangaben pro Portion:

- Kalorien: 52 kcal
- Kohlenhydrate: 1 g
- Fett: 5 g
- Eiweiß: 2 g

Zubereitungszeit: 45 Minuten

Zubereitung:

1. Eiweiß steif schlagen und anschließend Zitronensaft & Xucker unterrühren
2. 3 EL Eischnee zur Seite stellen
3. Haselnüsse, Mandeln & Zimt mischen und unter den Eischnee heben
4. 15 Minuten im Kühlschrank ziehen lassen
5. Teig zwischen 2 Schichten Backpapier ausrollen und Sterne ausstechen
6. Sterne auf ein Backblech mit Backpapier legen
7. Sterne mit dem übrigen Eischnee bestreichen
8. Im Backofen bei 170°C für 10 Minuten backen

30 Tage Low-Carb-Ernährungsplan

Wer seine Ernährung mit einem Plan umstellen möchte, sollte sich seine Erfolge notieren und auch beobachten, welche Lebensmittel für seinen Körper gut sind.

Wie am Anfang schon erwähnt, kann es durchaus vorkommen, dass man einige Lebensmittel besser verträgt als andere. Hierfür kann ein Notizbuch oder eine App sehr nützlich sein, in der man täglich seine Ernährung und das Verhalten des Körpers darauf dokumentiert.

Darüber hinaus sollte man sich Bewegungsziele setzen und diese zusätzlich dokumentieren. Wer durch eine ausgewogene Ernährung abnehmen möchte, der sollte sich unbedingt aktive Ziele setzen und diese auch strikt verfolgen. Wer zu seinem Ernährungsplan einen Fitnessplan aufstellt, wird die Ziele eher umsetzen als jemand, der dies nur als Gedanken im Kopf hat. Eine zusätzliche Unterstützung können hier Fitness-Apps auf dem Handy oder die Smartwatch darstellen.

Mithilfe der Rezepte und des Ernährungsplans lassen sich auch die Einkäufe sehr gut planen. Hierbei sollte man sich vor jedem Einkauf einen Einkaufszettel schreiben. Um nicht in Versuchung zu geraten, kann man seine Einkäufe am besten auf dem Wochen- oder Bauernmarkt und beim Fisch-/Fleischhändler erledigen.

Die Rezepte im Ernährungsplan haben zum Großteil ein Kaloriendefizit, was bedeutet, dass durchaus die Option für kleine Snacks zwischendurch besteht. Die Snacks und zusätzlichen Mahlzeiten können variabel ausgetauscht werden, jedoch sollte man auf Abwechslung Wert legen.

Man sollte auch unbedingt beachten: Wenn der Körper einen Mangel an Kohlenhydraten bemerkt, bekommt man Heißhunger auf Süßigkeiten. Wenn das an mehreren Tagen hintereinander passiert, sollte man Rezepte mit mehr Kohlenhydraten wählen, um keinen Mangel zu erzeugen.

Wir wünschen Ihnen viel Erfolg bei Ihrer neuen Ernährung und viel Spaß mit den Rezepten! Sie schaffen das! Glauben Sie an sich!

Tag 1

Frühstück

Spinat-Obst-Salat (Rezept Nr. 1)

Mittagessen

Garnelenpfanne (Rezept Nr. 26)

Abendessen

Hack-Pfanne mit Spitzkohl (Rezept Nr. 90)

Snacks

Schokoquark (Rezept Nr. 142)

Gesamtumsatz/Tag

- Kalorien: 1319 kcal
- Kohlenhydrate: 59 g
- Fett: 61 g
- Eiweiß: 119 g

Bei mehr Kalorienbedarf

Gefüllte Tomate mit Parmaschinken und Feta (Rezept Nr. 57)

Gesamtumsatz/Tag

- Kalorien: 1860 kcal
- Kohlenhydrate: 73 g
- Fett: 99 g
- Eiweiß: 153 g

Tag 2

Frühstück

Heidelbeer-Bowl (Rezept Nr. 3)

Mittagessen

Schinken-Sellerie-Risotto (Rezept Nr. 80)

Abendessen

Hähnchen auf Zucchininudeln mit Parmesansauce (Rezept Nr. 93)

Snacks

100 g Goudawürfel mit Dip

Gesamtumsatz/Tag

- Kalorien: 1453 kcal
- Kohlenhydrate: 58 g
- Fett: 74 g
- Eiweiß: 128 g

Bei mehr Kalorienbedarf

Mediterraner Salat mit Thunfisch (Rezept Nr. 38)

Gesamtumsatz/Tag

- Kalorien: 1749 kcal
- Kohlenhydrate: 62 g
- Fett: 96 g
- Eiweiß: 145 g

Tag 3

Frühstück

Himbeer-Chia-Pudding (Rezept Nr. 4)

Mittagessen

Kichererbsensalat (Rezept Nr. 104)

Abendessen

Japanischer Garnelensalat (Rezept Nr. 34)

Snacks

Bananen-Schoko-Pudding (Rezept Nr. 18)

Gesamtumsatz/Tag

- Kalorien: 1970 kcal
- Kohlenhydrate: 85 g
- Fett: 134 g
- Eiweiß: 87 g

Bei mehr Kalorienbedarf

Apfel-Fenchel-Salat (Rezept Nr. 117)

Gesamtumsatz/Tag

- Kalorien: 2219 kcal
- Kohlenhydrate: 79 g
- Fett: 104 g
- Eiweiß: 91 g

Tag 4

Frühstück

Gefüllte Frühstücks-Paprika (Rezept Nr. 7)

Mittagessen

Blumenkohl-Käse-Suppe (Rezept Nr. 125)

Abendessen

Grüner Teriyaki-Salat mit Lachs (Rezept Nr. 35)

Snacks

100 g Selleriesticks mit 50 g Erdnussbutter

Gesamtumsatz/Tag

- Kalorien: 1580 kcal
- Kohlenhydrate: 41 g
- Fett: 117 g
- Eiweiß: 80 g

Bei mehr Kalorienbedarf

Radicchio-Trauben-Salat (Rezept Nr. 119)

Gesamtumsatz/Tag

- Kalorien: 1930 kcal
- Kohlenhydrate: 51 g
- Fett: 147 g
- Eiweiß: 82 g

Tag 5

<u>Frühstück</u>

Pancakes (Rezept Nr. 9)

<u>Mittagessen</u>

Hühnerschenkel in Zitronen-Salbei-Butter gebacken (Rezept Nr. 56)

<u>Abendessen</u>

Gemüsepfanne mit Ei (Rezept Nr. 100)

<u>Snacks</u>

Apfelkuchen (Rezept Nr. 130)

<u>Gesamtumsatz/Tag</u>

- Kalorien: 1784 kcal
- Kohlenhydrate: 54 g
- Fett: 127 g
- Eiweiß: 104 g

<u>Bei mehr Kalorienbedarf</u>

Sellerie-Fenchel-Salat (Rezept Nr. 126)

<u>Gesamtumsatz/Tag</u>

- Kalorien: 2106 kcal
- Kohlenhydrate: 72 g
- Fett: 146 g
- Eiweiß: 109 g

Tag 6

Frühstück

Waffeln (Rezept Nr. 12)

Mittagessen

Zander auf Gemüsebett (Rezept Nr. 32)

Abendessen

Blumenkohl-Reis mit Pilzen (Rezept Nr. 105)

Snacks

100 g Paprikastreifen mit 50 g Frischkäse

Gesamtumsatz/Tag

- Kalorien: 1806 kcal
- Kohlenhydrate: 53 g
- Fett: 120 g
- Eiweiß: 105 g

Bei mehr Kalorienbedarf

Gegrilltes Kräuterhühnchen (Rezept Nr. 60)

Gesamtumsatz/Tag

- Kalorien: 2089 kcal
- Kohlenhydrate: 53 g
- Fett: 131 g
- Eiweiß: 151 g

Tag 7

Frühstück

Lachsrolle (Rezept Nr. 16)

Mittagessen

Spinatsuppe (Rezept Nr. 127)

Abendessen

Butterhühnchen in Broccoli-Ananas Sauce (Rezept Nr. 76)

Snacks

Broccoli-Rösti (Rezept Nr. 120)

Gesamtumsatz/Tag

- Kalorien: 1803 kcal
- Kohlenhydrate: 33 g
- Fett: 119 g
- Eiweiß: 129 g

Bei mehr Kalorienbedarf

Salat-Wraps (Rezept Nr. 70)

Gesamtumsatz/Tag

- Kalorien: 2086 kcal
- Kohlenhydrate: 38 g
- Fett: 162 g
- Eiweiß: 157 g

Tag 8

Frühstück

Schinken-Käse-Waffeln (Rezept Nr. 4)

Mittagessen

Schweinesteak auf Gemüse (Rezept Nr. 59)

Abendessen

109. Caprese mit Avocado (Rezept Nr. 109)

Snacks

Apfel-Käse-Kuchen (Rezept Nr. 141)

Gesamtumsatz/Tag

- Kalorien: 1391 kcal
- Kohlenhydrate: 24 g
- Fett: 99 g
- Eiweiß: 97 g

Bei mehr Kalorienbedarf

Paprika im Speckmantel (Rezept Nr. 75)

Gesamtumsatz/Tag

- Kalorien: 1856 kcal
- Kohlenhydrate: 53 g
- Fett: 128 g
- Eiweiß: 113 g

Tag 9

Frühstück

Melonensalat (Rezept Nr. 15)

Mittagessen

Seelachs-Broccoli-Gratin (Rezept Nr. 41)

Abendessen

Zucchini-Pasta mit Feta (Rezept Nr. 107)

Snacks

Sommersalat (Rezept Nr. 113)

Gesamtumsatz/Tag

- Kalorien: 1396 kcal
- Kohlenhydrate: 82 g
- Fett: 80 g
- Eiweiß: 81 g

Bei mehr Kalorienbedarf

Hähnchenfilet in Tomatensauce (Rezept Nr. 83)

Gesamtumsatz/Tag

- Kalorien: 1695 kcal
- Kohlenhydrate: 94 g
- Fett: 89 g
- Eiweiß: 124 g

Tag 10

Frühstück

Frischkäse-Pfannkuchen (Rezept Nr. 24)

Mittagessen

Blumenkohl-Reis mit Pilzen (Rezept Nr. 105)

Abendessen

Avocado-Mango-Salat mit Thunfisch (Rezept Nr. 42)

Snacks

Selleriesticks mit Erdnussbutter

Gesamtumsatz/Tag

- Kalorien: 1676 kcal
- Kohlenhydrate: 35 g
- Fett: 115 g
- Eiweiß: 97 g

Bei mehr Kalorienbedarf

Kabanossi-Paprika-Suppe (Rezept Nr. 85)

Gesamtumsatz/Tag

- Kalorien: 2034 kcal
- Kohlenhydrate: 53 g
- Fett: 142 g
- Eiweiß: 107 g

Tag 11

Frühstück

Schinken-Käse-Waffeln (Rezept Nr. 25)

Mittagessen

Thunfisch-Avocado-Salat (Rezept Nr. 52)

Abendessen

Artischocken-Tofu-Pfanne (Rezept Nr. 108)

Snacks

Himbeer-Rolle (Rezept Nr. 147)

Gesamtumsatz/Tag

- Kalorien: 1779 kcal
- Kohlenhydrate: 49 g
- Fett: 92 g
- Eiweiß: 138 g

Bei mehr Kalorienbedarf

Schinken-Spargel-Suppe (Rezept Nr. 89)

Gesamtumsatz/Tag

- Kalorien: 2319 kcal
- Kohlenhydrate: 60 g
- Fett: 140 g
- Eiweiß: 152 g

Tag 12

Frühstück

Tropischer Avocado-Smoothie (Rezept Nr. 2)

Mittagessen

Asiatischer Salat (Rezept Nr. 95)

Abendessen

Schweinefilet in Bacon-Kräuter-Mantel (Rezept Nr. 71)

Snacks

Himbeer-Minze-Smoothie (Rezept Nr. 8)

Gesamtumsatz/Tag

- Kalorien: 1742 kcal
- Kohlenhydrate: 48 g
- Fett: 122 g
- Eiweiß: 110 g

Bei mehr Kalorienbedarf

Schinken-Käse-Waffeln (Rezept Nr. 25)

Gesamtumsatz/Tag

- Kalorien: 1943 kcal
- Kohlenhydrate: 50 g
- Fett: 135 g
- Eiweiß: 128 g

Tag 13

Frühstück

Passionsfrucht-Kiwi-Quark (Rezept Nr. 5)

Mittagessen

Ofen-Lachs mit Paprika (Rezept Nr. 49)

Abendessen

Hühnerschenkel in Zitronen-Salbei-Butter gebacken (Rezept Nr. 56)

Snacks

Muffins mit Schokobrocken (Rezept Nr. 134)

Gesamtumsatz/Tag

- Kalorien: 1910 kcal
- Kohlenhydrate: 55 g
- Fett: 122 g
- Eiweiß: 130 g

Bei mehr Kalorienbedarf

Lachsfrikadelle (Rezept Nr. 30)

Gesamtumsatz/Tag

- Kalorien: 2148 kcal
- Kohlenhydrate: 56 g
- Fett: 135 g
- Eiweiß: 160 g

Tag 14

Frühstück

Erdbeer-Bananen-Bowl (Rezept Nr. 6)

Mittagessen

Pilzgulasch (Rezept Nr. 80)

Abendessen

Entenbrust auf Rotkohlsalat (Rezept Nr. 55)

Snacks

100 g Selleriesticks mit 50 g Erdnussbutter

Gesamtumsatz/Tag

- Kalorien: 1530 kcal
- Kohlenhydrate: 57 g
- Fett: 90 g
- Eiweiß: 125 g

Bei mehr Kalorienbedarf

Fischbällchen in Kokoskruste (Rezept Nr. 29)

Gesamtumsatz/Tag

- Kalorien: 1984 kcal
- Kohlenhydrate: 61 g
- Fett: 125 g
- Eiweiß: 148 g

Tag 15

Frühstück

Himbeer-Minze-Smoothie (Rezept Nr. 8

Mittagessen

Lachs in Mandelkruste mit Honig-Senf-Dip (Rezept Nr. 36)

Abendessen

Zucchinisalat mit Halloumi (Rezept Nr. 114)

Snacks

100 g Pecannüsse

Gesamtumsatz/Tag

- Kalorien: 1953 kcal
- Kohlenhydrate: 42 g
- Fett: 160 g
- Eiweiß: 79 g

Bei mehr Kalorienbedarf

Gebackene Aubergine auf Salat (Rezept Nr. 98)

Gesamtumsatz/Tag

- Kalorien: 2249 kcal
- Kohlenhydrate: 52 g
- Fett: 179 g
- Eiweiß: 83 g

Tag 16

Frühstück

Rührei-Muffins (Rezept Nr. 23)

Mittagessen

Mexikanischer Salat (Rezept Nr. 106)

Abendessen

Hähnchen-Gyros mit Gurkensalat (Rezept Nr. 87)

Snacks

Sellerie-Fenchel-Salat (Rezept Nr. 126)

Gesamtumsatz/Tag

- Kalorien: 1582 kcal
- Kohlenhydrate: 65 g
- Fett: 106 g
- Eiweiß: 86 g

Bei mehr Kalorienbedarf

Gemüsepfanne mit Ei (Rezept Nr. 100)

Gesamtumsatz/Tag

- Kalorien: 1952 kcal
- Kohlenhydrate: 78 g
- Fett: 131 g
- Eiweiß: 108 g

Tag 17

<u>Frühstück</u>

Spinat-Bananen-Smoothie (Rezept Nr. 21)

<u>Mittagessen</u>

Gemüse-Hähnchen-Bowl (Rezept Nr. 66)

<u>Abendessen</u>

Schweinesteak auf Gemüse (Rezept Nr. 59)

<u>Snacks</u>

Nutella-Tassenkuchen (Rezept Nr. 149)

<u>Gesamtumsatz/Tag</u>

- Kalorien: 1795 kcal
- Kohlenhydrate: 71 g
- Fett: 105 g
- Eiweiß: 133 g

<u>Bei mehr Kalorienbedarf</u>

Mediterraner Schmortopf (Rezept Nr. 101)

<u>Gesamtumsatz/Tag</u>

- Kalorien: 1963 kcal
- Kohlenhydrate: 83 g
- Fett: 115 g
- Eiweiß: 137 g

Tag 18

Frühstück

Smoothie Bowl (Rezept Nr. 20)

Mittagessen

Kabeljau-Eintopf (Rezept Nr. 27)

Abendessen

Blumenkohl-Spargel-Risotto (Rezept Nr. 110)

Snacks

Lachsrolle (Rezept Nr. 16)

Gesamtumsatz/Tag

- Kalorien: 1700 kcal
- Kohlenhydrate: 67 g
- Fett: 88 g
- Eiweiß: 136 g

Bei mehr Kalorienbedarf

Käse-Pilz-Omelette (Rezept Nr. 102)

Gesamtumsatz/Tag

- Kalorien: 2018 kcal
- Kohlenhydrate: 71 g
- Fett: 112 g
- Eiweiß: 159 g

Tag 19

Frühstück

Frühstücks-Muffins (Rezept Nr. 22)

Mittagessen

Überbackene Forelle (Rezept Nr. 31)

Abendessen

Zucchinisalat mit Halloumi (Rezept Nr. 114)

Snacks

Apfel-Fenchel-Salat (Rezept Nr. 117)

Gesamtumsatz/Tag

- Kalorien: 1671 kcal
- Kohlenhydrate: 61 g
- Fett: 114 g
- Eiweiß: 102 g

Bei mehr Kalorienbedarf

Kohlrouladen mit Kürbisfüllung (Rezept Nr. 128)

Gesamtumsatz/Tag

- Kalorien: 1983 kcal
- Kohlenhydrate: 87 g
- Fett: 129 g
- Eiweiß: 118 g

Tag 20

Frühstück

Apfel-Sellerie-Smoothie (Rezept Nr. 19)

Mittagessen

Spinatsuppe (Rezept Nr. 127)

Abendessen

Hähnchen-Champignon-Schmortopf (Rezept Nr. 62)

Snacks

Smoothie Bowl (Rezept Nr. 20)

Gesamtumsatz/Tag

- Kalorien: 1606 kcal
- Kohlenhydrate: 68 g
- Fett: 95 g
- Eiweiß: 92 g

Bei mehr Kalorienbedarf

Quinoa-Salat (Rezept Nr. 124)

Gesamtumsatz/Tag

- Kalorien: 1948 kcal
- Kohlenhydrate: 93 g
- Fett: 119 g
- Eiweiß: 98 g

Tag 21

Frühstück

Bananen-Schoko-Pudding (Rezept Nr. 18)

Mittagessen

Thai-Kokos-Suppe (Rezept Nr. 73)

Abendessen

Spinat-Garnelen-Pfanne (Rezept Nr. 50)

Snacks

Heidelbeer-Auflauf (Rezept Nr. 139)

Gesamtumsatz/Tag

- Kalorien: 1637 kcal
- Kohlenhydrate: 47 g
- Fett: 112 g
- Eiweiß: 99 g

Bei mehr Kalorienbedarf

Quinoa-Gemüse-Pfanne (Rezept Nr. 122)

Gesamtumsatz/Tag

- Kalorien: 1826 kcal
- Kohlenhydrate: 60 g
- Fett: 125 g
- Eiweiß: 104 g

Tag 22

Frühstück

Garnelen-Rühreier (Rezept Nr. 17)

Mittagessen

Käse-Pilz-Suppe (Rezept Nr. 115)

Abendessen

Gemüse-Hähnchen-Bowl (Rezept Nr. 66)

Snacks

Himbeer-Muffins (Rezept Nr. 131)

Gesamtumsatz/Tag

- Kalorien: 1891 kcal
- Kohlenhydrate: 50 g
- Fett: 121 g
- Eiweiß: 133 g

Bei mehr Kalorienbedarf

Garnelen-Rühreier (Rezept Nr. 17)

Gesamtumsatz/Tag

- Kalorien: 2285 kcal
- Kohlenhydrate: 56 g
- Fett: 146 g
- Eiweiß: 170 g

Tag 23

Frühstück

Waffeln (Rezept Nr. 12)

Mittagessen

Hähnchen-Champignon-Schmortopf (Rezept Nr. 62)

Abendessen

Gemüsepfanne mit Ei (Rezept Nr. 100)

Snacks

Winterlicher Möhrensalat (Rezept Nr. 14)

Gesamtumsatz/Tag

- Kalorien: 1861 kcal
- Kohlenhydrate: 45 g
- Fett: 128 g
- Eiweiß: 119 g

Bei mehr Kalorienbedarf

Apfel-Sellerie-Smoothie (Rezept Nr. 26)

Gesamtumsatz/Tag

- Kalorien: 1984 kcal
- Kohlenhydrate: 73 g
- Fett: 128 g
- Eiweiß: 121 g

Tag 24

Frühstück

Erdbeer-Bananen-Bowl (Rezept Nr. 6)

Mittagessen

Thunfisch-Auflauf mit Spinat (Rezept Nr. 53)

Abendessen

Omelette mit Pfifferlingen (Rezept Nr. 123)

Snacks

Melonensalat (Rezept Nr. 15)

Gesamtumsatz/Tag

- Kalorien: 1668 kcal
- Kohlenhydrate: 82 g
- Fett: 78 g
- Eiweiß: 141 g

Bei mehr Kalorienbedarf

Schnelle Gemüsesuppe mit Hähnchen (Rezept Nr. 77)

Gesamtumsatz/Tag

- Kalorien: 1965 kcal
- Kohlenhydrate: 97 g
- Fett: 90 g
- Eiweiß: 169 g

Tag 25

Frühstück

Himbeer-Minze-Smoothie (Rezept Nr. 8)

Mittagessen

Zucchini Carbonara (Rezept Nr. 94)

Abendessen

Steak mit Rucola-Salat (Rezept Nr. 68)

Snacks

Nuss-Muffins (Rezept Nr. 129)

Gesamtumsatz/Tag

- Kalorien: 1117 kcal
- Kohlenhydrate: 37 g
- Fett: 80 g
- Eiweiß: 65 g

Bei mehr Kalorienbedarf

Kürbis-Gulasch (Rezept Nr. 78)

Gesamtumsatz/Tag

- Kalorien: 1547 kcal
- Kohlenhydrate: 76 g
- Fett: 88 g
- Eiweiß: 114 g

Tag 26

<u>Frühstück</u>

Spinat-Obst-Salat (Rezept Nr. 1)

<u>Mittagessen</u>

Gratinierter Chicorée (Rezept Nr. 92)

<u>Abendessen</u>

Paella mit Blumenkohl-Reis (Rezept Nr. 46)

<u>Snacks</u>

Mandel-Power-Riegel (Rezept Nr. 11)

<u>Gesamtumsatz/Tag</u>

- Kalorien: 1009 kcal
- Kohlenhydrate: 43 g
- Fett: 62 g
- Eiweiß: 60 g

<u>Bei mehr Kalorienbedarf</u>

Pilzpfanne mit Putenbrust (Rezept Nr. 84)

<u>Gesamtumsatz/Tag</u>

- Kalorien: 1517 kcal
- Kohlenhydrate: 50 g
- Fett: 86 g
- Eiweiß: 125 g

Tag 27

Frühstück

Passionsfrucht-Kiwi-Quark (Rezept Nr. 5)

Mittagessen

Pfifferling-Pfanne (Rezept Nr. 116)

Abendessen

Asiatisches Hühnchen (Rezept Nr. 74)

Snacks

Mandel-Cashew-Kekse (Rezept Nr. 132)

Gesamtumsatz/Tag

- Kalorien: 1211 kcal
- Kohlenhydrate: 56 g
- Fett: 66 g
- Eiweiß: 98 g

Bei mehr Kalorienbedarf

Schinken-Sellerie-Risotto (Rezept Nr. 88)

Gesamtumsatz/Tag

- Kalorien: 1529 kcal
- Kohlenhydrate: 69 g
- Fett: 79 g
- Eiweiß: 125 g

Tag 28

Frühstück

Beeren-Porridge (Rezept Nr. 10)

Mittagessen

Blumenkohl-Curry (Rezept Nr. 118)

Abendessen

Lachs auf Erbsen-Pastinaken-Püree (Rezept Nr. 37)

Snacks

Schokoquark (Rezept Nr. 142)

Gesamtumsatz/Tag

- Kalorien: 2075 kcal
- Kohlenhydrate: 69 g
- Fett: 126 g
- Eiweiß: 141 g

Bei mehr Kalorienbedarf

Sommersalat (Rezept Nr. 113)

Gesamtumsatz/Tag

- Kalorien: 2349 kcal
- Kohlenhydrate: 94 g
- Fett: 143 g
- Eiweiß: 145 g

Tag 29

Frühstück

Kaiserschmarrn (Rezept Nr. 13)

Mittagessen

Spanischer Garnelentopf (Rezept Nr. 48)

Abendessen

Champignon-Feta-Auflauf (Rezept Nr. 111)

Snacks

Mandel-Blaubeer-Muffins (Rezept Nr. 144)

Gesamtumsatz/Tag

- Kalorien: 1197 kcal
- Kohlenhydrate: 27 g
- Fett: 65 g
- Eiweiß: 111 g

Bei mehr Kalorienbedarf

Käse-Pilz-Suppe (Rezept Nr. 115)

Gesamtumsatz/Tag

- Kalorien: 1792 kcal
- Kohlenhydrate: 37 g
- Fett: 108 g
- Eiweiß: 144 g

Tag 30

Frühstück

Lachsrolle (Rezept Nr. 16)

Mittagessen

Gefüllte Zucchini auf Tomatensauce (Rezept Nr. 99)

Abendessen

Broccoli-Steak-Pfanne (Rezept Nr. 91)

Snacks

Nussriegel (Rezept Nr. 130)

Gesamtumsatz/Tag

- Kalorien: 1281 kcal
- Kohlenhydrate: 34 g
- Fett: 71 g
- Eiweiß: 119 g

Bei mehr Kalorienbedarf

Kohlrouladen mit Kürbisfüllung (Rezept Nr. 128)

Gesamtumsatz/Tag

- Kalorien: 1593 kcal
- Kohlenhydrate: 60 g
- Fett: 86 g
- Eiweiß: 135 g

Schlusswort

Wir hoffen Ihnen schmecken unsere 150 leckeren und vielfältigen Low Carb Rezepte für Berufstätige und wünschen Ihnen guten Appetit!

REZEPTE
PROFIS

Weitere Kochbücher von den Rezepte Profis

Suchen Sie nach weiteren leckeren, gesunden Gerichten? Dann empfehlen wir Ihnen unsere anderen Kochbücher mit 150 vielfältigen Rezepten!

https://www.amazon.de/dp/179783830X/

Zuckerfreie Ernährung: Zuckerfrei leben mit den 150 besten zuckerfreien Rezepten für das Kochen ohne Zucker. Zuckersucht beenden durch gesunde Ernährung - Inkl. gesunde Süßigkeiten + Nähwertangaben

ISBN-13: 978-1090155665

https://www.amazon.de/dp/1793817952/

Low Carb Kochbuch: Die 150 besten Rezepte für eine gesunde Ernährung! Abnehmen ohne Hunger und Fett verbrennen am Bauch leicht gemacht (inkl. 30 Tage Diät Ernährungsplan + Nährwertangaben)

ISBN-13: 978-1793817952

https://www.amazon.de/dp/1090155662/

Dampfgarer Kochbuch: Die 150 besten Rezepte für gesundes Dampfgaren. Schonendes Garen mit Dampf im Steamer – Leckere und gesunde Gerichte für die schnelle Küche (inkl. Nähwertangaben)

ISBN-13: 978-1090155665

https://www.amazon.de/dp/1794511075/

Vegan Kochbuch: Die 150 besten veganen Rezepte für eine vegetarische und vegane Ernährung. Abnehmen und gesund leben leicht gemacht. Inkl. indisch und asiatisch kochen mit Superfood + Nährwertangaben

ISBN-13: 978-1794511071

https://www.amazon.de/dp/1791690777

Smoothies zum Abnehmen: Die 150 besten und leckersten Smoothie Rezepte in einem Buch! Gesund Abnehmen, Entschlacken und Entgiften leicht gemacht, für mehr Energie im Alltag (inkl. Nährwertangaben)

ISBN-13: 978-1791690779

https://www.amazon.de/dp/173084751X

Kontaktgrill Rezepte: Das Kochbuch mit 150 Rezepten für den Kontaktgrill! Leckere vielfältige Gerichte und alles, was Sie über den Kontaktgrill wissen müssen (inkl. Nährwertangaben)

ISBN-13: 978-1730847516

https://www.amazon.de/dp/1790589444

Heißluftfritteuse Rezepte: Das Kochbuch mit 150 Rezepten für die Heißluftfritteuse. Leckere vielfältige Gerichte für den Airfryer - Gesund kochen und frittieren ohne Öl (inkl. Nährwertangaben)

ISBN-13: 978-1790589449

https://www.amazon.de/dp/1731340168

Dutch Oven Rezepte: Das Kochbuch mit 150 Rezepten für die Outdoor Küche! Ob draußen beim Camping, am Lagerfeuer oder Zuhause. Mit dem Black Pot einfach und lecker kochen (inkl. Nährwertangaben)

ISBN-13: 978-1731340160

https://www.amazon.de/dp/1070440132

Sous Vide Kochbuch: Die 150 besten Rezepte für das schonende Garen im Vakuum. Perfektes Fleisch, Steak, vegetarische und vegane Gerichte für maximalen Geschmack und gesunde Ernährung + Nährwertangaben

ISBN-13: 978-1070440132

https://www.amazon.de/dp/1686031858

Ketogene Ernährung: Das Kochbuch mit 150 leckeren Rezepten für eine effektive Keto Diät. Zuckerfrei gesund abnehmen - Optimal gegen Diabetes und Krebs inkl. 14 Tage Ernährungsplan + Nährwertangaben

ISBN-13: 978-1686031854

Rechtliches

Impressum

Rezepte Profis wird vertreten durch:

Noah Malik
Michaelispassage 5
20459 Hamburg

Coverbilder:
Oleksandra Naumenko, Whiteaster, Elena Shashkina, JeniFoto, Rimma Bondarenko | shutterstock.com

Haftung für externe Links

Das Buch enthält Links zu externen Webseiten Dritter, auf deren Inhalt der Autor keinen Einfluss hat. Deshalb kann für die Inhalte externer Inhalte keine Gewähr übernommen werden. Für die Inhalte der verlinkten Webseiten ist der jeweilige Anbieter oder Betreiber der Webseite verantwortlich. Die verlinkten Seiten wurden zum Zeitpunkt der Verlinkung auf mögliche Rechtsverstöße überprüft. Rechtswidrige Inhalte waren zum Zeitpunkt der Verlinkung nicht erkennbar. Eine permanente inhaltliche Kontrolle der verlinkten Webseiten ist jedoch ohne konkrete Anhaltspunkte einer Rechtsverletzung nicht zumutbar. Bei Bekanntwerden von Rechtsverletzungen werden derartige Links umgehend entfernt.

Printed in Poland
by Amazon Fulfillment
Poland Sp. z o.o., Wrocław

58560173R00121